B
UKRAINIAN

Beginner's
UKRAINIAN

ЯК СЯ МАЄШ

**Johannes
Poulard**

HIPPOCRENE BOOKS
New York

For information, address;
HIPPOCRENE BOOKS, INC.
171 Madison Avenue
New York, NY 10016

Library of Congress Cataloging-in-Publication Data

Poulard, Johannes.
      Beginner's Ukrainian / Johannes Poulard.
        p. cm.
      ISBN 0-7818-0443-4
       1. Ukrainian language--Grammar. 2. Ukrainian language--Textbooks for
foreign speakers--English. I. Title
PG3827.5.E5P68 1996   96-14553
491.7'982421--dc20   CIP

Printed in the United States of America.

DEDICATION

This book is dedicated to all of the wonderful people who helped make this book possible, especially to my parents, Drs. Jean and Regina Poulard. I would also like to dedicate this book to Dr. Joseph Pellicciotti, chairman of the School of Public and Environmental Affairs at Indiana University Northwest in Gary, Indiana.

I would also like to express my gratitude to those in Computer Services and Data Processing at Indiana University Northwest in Gary, Indiana, especially Donald Szarkowicz, Terrence Kuntz, and Dr. Terrence Lukas of the Instructional Media Center at Indiana University Northwest. I am very grateful for all of their technical help which played a major role in making this book possible.

Last, but not least, I would like to thank all of my friends in Ukraine, especially Yura and Natasha Kulyk, Ivan Kulyk, Rev. Mykola Khrapach, and Boris Andriyovych Bohayevs'ki. Their help in receiving me in Poltava and unending help researching information needed for this book was very valuable.

Special thanks go to Dr. Oleksander Lutsik, visiting professor from Ukraine, who helped proofread the Ukrainian segment of this book.

Without the help of all the people mentioned above and others, this book would not have been possible.

TABLE OF CONTENTS

PREFACE

This textbook is designed for classroom or self-instruction. This book is especially designed for the novice. It assumes that the reader has no basic knowledge of the Ukrainian language. The book will begin with a pre-chapter that mainly deals with the sounds and pronunciation of each letter of the Ukrainian alphabet. The pre-chapter is very important because the Ukrainian language uses the Cyrillic alphabet, similar to the Russian alphabet. Following the pre-chapter will be the lessons. Each lesson will include a dialogue and text in Ukrainian, vocabulary pertaining to the text, grammatical structure, and exercises. The later lessons will cover Ukrainian culture, literature, history, and geography. They will cover Ukrainian immigrants in Canada and the United States and their influence on American culture.

I believe that the way this book is designed is the most effective way to learn a foreign language. In the first lessons the dialogues and texts will be simple and easy to understand and will intensify from lesson to lesson. If you, the reader or student, follow the texts thoroughly and do all the exercises, by the time you finish this book, you should have a good knowledge of the language.

ABOUT THE LANGUAGE, CULTURE, AND COUNTRY

Ukrainian is an Eastern Slavic language which developed from Ruthenian, which came from Church Slovanic. Currently it is spoken by roughly about 30,000,000 people, two million of whom live in the United States and Canada. Ukrainian is closely related to Polish, Russian, and Byelorussian. Ukrainian is the national language of the former Ukrainian Soviet Socialist Republic. Ukraine is a now a new nation. Its capital is Kiev. Other Ukrainian cities are Poltava, L'viv, Odessa, Sevastopol, Dnipropetrovsk, Kharkiv, and Yalta. With Ukrainian being a new sovreign language, it is important that it should be learned by people who travel to or do business in Ukraine, or even those who just want to learn a new language.

The Ukrainian culture is somewhat similar to the Russian culture. In some of the lessons, you will learn about Ukrainian customs and holidays, such as the lyrics of traditional songs, prayers, poems, and folklore. These will be covered in sections of some lessons known as *cultural enrichments*.

Ukrainians are a very friendly and cheerful people. This is reflected in their songs and traditional dances. Christianity plays an important role in the Ukrainian culture; therefore Christmas, the Lenten season, and Easter are very important holidays. Most Ukrainians in the provinces of Halychyna, Hutsul, and Kiyivchina are Byzantine Catholics, similar to the Russian Orthodox Church, but are in union with the Roman Catholic Church. In the east, known as *Greater Ukraine*, the people are predominantly Russian or Ukrasinian

Orthodox, and in the west, especially near the Polish border, the people are predominantly Roman Catholic.

This book will cover how Ukrainian immigrants influenced American culture. One can notice this especially around Christmas. A common Christmas carol, *"Hark, Hear the Bells,"* is actually a Ukrainian melody.

MAPS OF UKRAINIAN LANGUAGE

UKRAINE AND HER NEIGHBORS

The shaded area indicates where Ukrainian is spoken

1. Kiev(the capital)	7. Yalta
2. Khar'kiv	8. Odessa
3. Poltava	9. L'viv
4. Zaporrizhia	10. Chernobyl'
5. Dnipropetrovsk	11. Kishinyov(Capital of Moldova)
6. Sevastopil'	12. Tagonrog(Russia)

UKRAINIAN IMMIGRANTS IN THE UNITED STATES AND CANADA

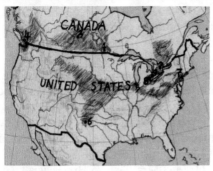

The shaded area indicates where there are concentrations of Ukrainians in the United States and Canada

1. Winnipeg (Canada)

2. Sakatoon (Canada)

3. Toronto (Canada)

4. Vancouver (Canada)

5. Chicago (Illinois)

6. Odessa (Texas)

7. New York (NY.)

8. Detroit(Michigan)

9. Windsor (Canada)

ACKNOWLEDGEMENTS

I would like to thank all of those who made it possible for this book to be put together.

Donald Szarkowicz, Suzanne Green, Terrence Kuntz, Dr. Terrence Lukas, Dr. Jean V. Poulard, Dr. Regina Poulard, Dr. Frederick Chary, Mary Kolizuwsky,
Kathy Khovarth, Yuri and Natasha Kulyk, Boris Andriyovich Bohayevs'ky, Rev. Mykola Khrapach, Ivan Kulyk, Dr. Oleksander Lutsik, Dr. Joseph Pellicciotti,
Mr. and Mrs. Dmitro Hrushchets'ky,
and last but not least, Rev. Nikolai Petrovich Siemkoff

PRECHAPTER

THE UKRAINIAN ALPHABET

Аа   *A* as in f*a*r

Бб   *B* as in *b*ell

Вв   *V* as in *v*an

Гг   *H* as in *h*at

Ґґ   *G* as in *g*et

Дд   *D* as in *d*ad

Ее   *E* as in *e*gg

Єє   *YE* as in *ye*llow

Жж   *ZH* as in *Zh*ivago

Зз   *Z* as in *z*ebra

Ии   *I* as in h*i*t

Іі   *EE* as in gr*ee*n

Її   *YEE* as in *yi*eld

Йй   *Y* as in bo*y* or *Y*ork

Кк   *K* as in *k*ettle

Лл   *L* as in *l*etter

Мм   *M* as in *m*o*m*

Нн   *N* as in *N*ike

Оо   *O* as in *o*pen

Пп   *P* as in *p*en

Рр   *R* as in *r*ed, but rolled in the throat

Сс   *S* as in *s*ee

Тт   *T* as in *t*ar

Уу   *U* or *OO* as in r*u*le or h*oo*p

Фф   *F* as in o*f*f

Хх   *KH* as in *Kh*asbulatov

Цц   *TS* as in ra*ts*

Чч   *CH* as in *ch*air

Шш   *SH* as in *sh*eep

Щщ   *SHCH* as in fre*sh ch*eese

Юю   *YU* as in *yo*u

Яя   *YA* as in *ya*rd

ь Soft sign, indicates no sound

The Ukrainian alphabet is basically a phonetic alphabet. Unlike English, Ukrainian has no exceptions in the pronunciation of specific consonants. Each character has only one sound.

I. CONSONANTS
A. GUTTERALS.

Gutterals are the letters г, ґ, and х. The last one is perhaps the toughest of the gutterals to pronounce.

1. The letters г and ґ. The letter г is pronounced close to our *h* as in *hat*, but it is sounded deeper in the throat. The letter ґ is pronounced just like our hard *g*, as in *goat*, *get*, or *gourd*. This letter is rarely used in the Ukrainian alphabet. It is mainly used in borrowed words. For example, емігрант, immigrant or аґреґат, agrogate. The rest of Ukrainian words that use this consonant use the letter г.

Oral exercises: Try to pronounce these Ukrainian words out loud.

гомін; говорити; гроші; грудень; аґреґат; Чікаґо; Виннипеґ.

2. The letter х. This letter is pronounced *kh*, but not as hard as in Russian. This sound does not exist in the English language. The best way to pronounce this letter is to hack. When you hack, you pronounce the letter х almost correctly. After you hack enough to master the basic sound of this letter, have your tongue barely touch your palate as shown in this diagram.

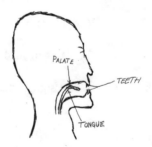

DIAGRAM ONE
Note the position of the tongue when pronouncing the letter х.

Oral exercises: Pronounce these Ukrainian words to the best of your abilities.
хор; хата; Харків; гріх; дідух; хворий; муха; мухамор; шахмат; пахнути.

B. SIBILANTS

Sibilants are the letters ж, ч, ц, ш, and щ. These consonants are all voiceless except for the letter ж. This letter is pronounced as we would pronounce *s* in plea*s*ure, trea*s*ure, mea*s*ure, and so on. Or it would be pronounced *zh* as in *Zh*ivago.

The letter ч is pronounced *ch*, as in *ch*air, *ch*apel, *ch*apter, and so on. The letter ц is pronounced ts, as in ra*ts*, Yel*ts*in, and so on. The letter ш is pronounced *sh* as in *sh*ip, *sh*ore, or *s* as in Ru*ss*ian, *s*ugar, and so on. The letter щ is the toughest sibilant to pronounce. Many English speakers have great difficulty mastering this letter. It is pronounced *shch*, as in fre*sh ch*eese. The best way to master this sound is to keep repeating the words *"fresh cheese"* until you are able to pronounce the *sh* sound and the *ch* sound with no vowel in between them.

ORAL EXERCISE: Pronounce the following words; pay close attention to the sibilants.

що, ще, щастя, це, циган, шов, шапка, чорний, червоний.

The letter p and the letter л. The letter p is rolled like the Spanish *rr*. The letter л is pronounced similar to our *l*. The difference is that in English the l is pronounced through the throat. In Ukrainian the l sound is created in the mouth with the tip of the tongue touching the front teeth as shown in the diagram.

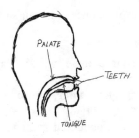

DIAGRAM TWO
Notice how the tip of the tongue
touches the front teeth.

ORAL EXERCISES: Pronounce these words.

Росія, сир, рука, ресторан, лампа, Полтава, Галина, Львів

The letters б, в, д, з, к, м, н, п, с, т, and ф are pronounced like their English counterparts b, v, d, z, k, m, n, p, s, t, and f.

II. VOWELS

Ukrainian, unlike English, has two sets of vowels, hard and soft.

A. HARD VOWELS.

Ukrainian hard vowels are the letters *a, e, и, o,* and *y.*

1. The letter *a.* This letter is pronounced like the English *"a"* as in *far, car, are,* etc. There is no change in pronunciation.

ORAL EXERCISES: Pronounce these words; pay close attention to the pronunciation of the letter *a.*

аґреґат, каштан, краще, шапка, за, мати, Наташа

2. The letter *e.** This letter, when stressed, is pronounced *"e"* as in *egg, hell, ten, set,* etc. When unstressed, it is pronounced close to the letter *и,* as in *hit, sit, grits, wrist,* etc.

ORAL EXERCISES:

a. Pronounce these words and pay close attention to the stressed syllable with the letter *e.*

серце, перший, Павченко, герой, червень

b. Pronounce these words; pay close attention to the unstressed *e.*

січень, вітер, краще, добре, поле

3. The letter *и.* This letter is pronounced like our short *"i"* as in *hit, whip, dig, kill, wind,* etc.

ORAL EXERCISES: Pronounce these words. Pay close attention to the pronunciation of the letter *и.*

грати, ви, липень, писати, риба, лист, листопад

4. The letter *o.* This letter is pronounced similar to our *"o"* in *open, door, floor, shore,* etc.

ORAL EXERCISES: Pronounce these words and pay close attention to the letter *o.*

добре, говорити, кров, Богдан, Павло, Петро

E. The letter *y.* This letter is pronounced like our long *"u"* as in *rule, true,* or *"oo"* as in *fool, school, tool, pool, poodle,* etc.

* The letter *e* is often used with case endings in the soft stem.

ORAL EXERCISES: Pronounce these words and pay close attention to the letter у.

труд, друг, друкувати, повернутися, Білорусь, рука

B. SOFT VOWELS

Soft vowels are vowels that follow soft consonants. After the soft vowels we will learn the soft consonants. The soft vowels, when they stand alone, have *"y"* before the vowel. Soft vowels are as follows: є, і, ї, ю, and я. With the exception of *і*, all the others are pronounced with a *"y"* before the vowel. In other words, the sounds *ye, yee, you,* and *ya* have a single character that pronounces those sounds.

1. The letter є. This letter is pronounced *"ye"* as in *yes, yell, yellow, yet,* etc.

ORAL EXERCISES: Pronounce these words and pay close attention to the letter є.

моє. маєш, Єльцин, б'є, є, читає

2. The letters *і* and *ї*. The letter *і* is pronounced *"ee"* as *green, tree,* or *"ea"* as in *fear, near,* etc. The letter *ї* is pronounced *"yie"* as in *yield.* Remember that one dot is always pronounced *"ee,"* but two dots are always pronounced *"yie."*

ORAL EXCERSISES: Pronounce these words and pay close attention to the letters і and ї.

кіт, двір, дім, він, зустрічатися, засміятися, Україна, Київ, їсти

3. The letter ю. This letter is pronounced *"yu"* as in *you* or *yule.*

ORAL EXERCISES: Pronounce these words and pay close attention to the letter ю.

Юрій, б'ю, б'ють, костюм, маю

4. The letter я. This letter is pronounced *"ya"* as in *yard.*

ORAL EXERCISES: Pronounce these words and pay close attention to the letter я.

Я, яйце, Ярослав, як, ясний, уряд, в'язниця

III. SOFT CONSONANTS

There are three soft consonants in the Ukrainian language. They are the letters ь and й. The *apostrophe* is also a soft consonant.

A. The letter ь or *soft sign*: The *soft sign* indicates no sound, but it indicates the *palatization* of consonants. The general rule is that any consonant followed by the *soft sign* is pronounced softly, that is *palatized*. This is somewhat tricky to learn. The best way to pronounce a soft consonant is to have the top of the tongue touch the palate of the mouth when pronouncing that particular soft consonant. This is shown in this diagram.

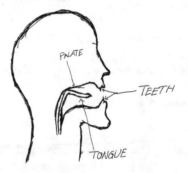

DIAGRAM THREE
Notice how the tongue touches the palate when
pronouncing a softened consonant

The difference between the *soft sign* and the *apostrophe*: The apostrophe appears in certain words between a consonant and the soft vowels є, ї, ю, я. It **never** appears in front of the soft vowel і. The soft sign never apears before any soft vowel; however the soft sign will occasionally precede the letter o after a softened consonant. In that event, o is pronounced *yo*. Note: The soft sign can never stand alone. It must always follow a consonant. When the apostrophe appears, it accents the "y" pronunciation of the soft vowel. This means that words like п'ять would be pronounced *piyat'*

ORAL EXERCISES: Pronounce the words and pay close attention to the soft consonants and apostrophe.

вогонь, Чернобиль, рождається, український, Севастопіль, в'язниця, бюрократ, пам'ятник, вз'яти, б'є, нього, тяжкий, кольор, ходить

B. The letter **й**. This letter is like our letter *y* in *boy, toy, say, ray*. It can also precede the letter **о** to make the sound yo. Unlike the soft sign, **й** can stand alone. It does not need to precede a consonant.

ORAL EXERCISES: Pronounce these words.

його, мільйон, червоний, змій, ой, радуйся, Дунай

IV. EUPHONIC RULES

   In Ukrainian grammar exists what is known as euphonic rules. Euphonic rules are grammatical rules that make it comfortable to pronounce certain consonants and vowels. A good example of euphonic rules is the French liaisons as in *l'avion* or the English *an apple* instead of *a apple*. In the Ukrainian language the euphonic rules are very simple.

A. **У** and **в**. These are prepositions in Ukrainian meaning in or into depending on the case*[1]

B. **І** and **й** alone mean and. The letter **і** occurs when 1) the preceding word ends with a consonant and the following word begins with a consonant and 2) when the preceding word ends in a consonant and the following word begins with a vowel. The letter **й** occurs when 1) the preceding word ends in a vowel and the following word begins with a vowel and 2) when the preceding word ends with a vowel and the following word begins with a consonant.

For example:
Галина **й** Оксана - Halyna and Oksana
Юра **й** Наташа - Yura and Natasha
Тарас **і** Петро - Taras and Peter
Богдан **і** Антон - Bohdan and Anthony
У Франції - In France
В Україні - In Ukraine[2]

---

[1]* Cases will be discussed in lessons 4 through 11.

[2]**Франція** and **Україна** in the above are in the locative taking the ending(ї). The locative case will be discussed in lesson 10.

UKRAINIAN CURSIVE SCRIPT

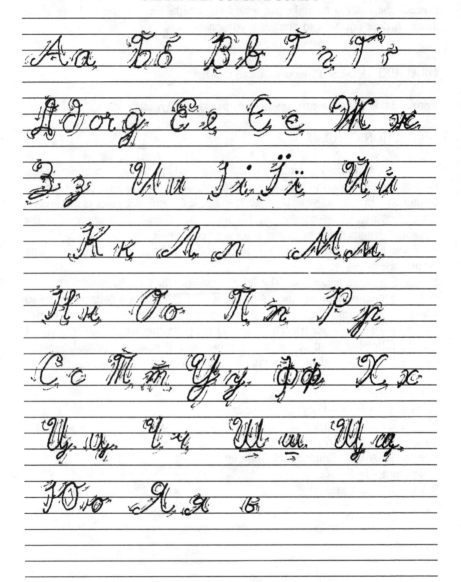

The above is the Ukrainian Cyrillic cursive script. This type of handwriting is used mostly by people that write in the Cyrillic. You will notice that it is slightly different from our Latin cursive script, but some of the letters are written similar to the way we write. It is crucial to learn the Cyrillic script to be able to write quickly and legibly in Ukrainian.

WRITTEN EXERCISES: Write the following Ukrainian words in the Cyrillic cursive script as shown on the previous page.

1. Добрий день   2. Добрий вечір   3. Як ся маєш?   4. що 5. Він говорить.   6. емігрант 7. Чікаґо 8. Іван Мазепа

Rewrite the Ukrainian alphabet in the Cyrillic cursive script.

ЛЕКЦІЯ ПЕРША	FIRST LESSON
ДІАЛОГ	DIALOGUE

ЩО ЦЕ? — WHAT'S THIS?

A: Що це?
Б: Це стіл.
A: А це що?
Б: Це вікно.
A: Що на столі?[1]
Б: На столі книга.
A: Що коло вікна?[2]
Б: Коло вікна картина.

A: What's this?
B: This is a table.
A: And what's that?
B: That is a window.
A: What's on the table?
B: On the table is a book.
A: What's near the window?
B: Near the window is a picture.

СЛОВНИК — VOCABULARY

що		what
це		this
стіл *(m)*		table
вікно *(n)*		window
картина *(f)*		picture
a	*(here)*	and
коло		near
на		on
хто		who
Іван *(m)*		John
Кравчук		Kravchuk
професор *(m)*		professor
Ігор *(m)*		Ihor (Igor)
студент *(m)*	*(boy)*	student
студентка *(f)*	*(girl)*	student

---

[1]Столі is the locative form of стіл. The locative case will be covered later in lesson 10.

[2]Вікна is the genitive form of вікно. The genitive case will be covered in lesson 5.

чи		is/or
я		I
ти	*(singular/informal)*	you
він		he
вона		she
воно		it
ми		we
ви	*(plural/formal)*	you
вони		they
пан		Mr./sir
ні		no
не		not
так		yes
але		but

ДІАЛОГ   DIALOGUE

ХТО ЦЕ?	WHO'S THIS?
А: Хто це?	A: Who's this?
Б: Це пан Кравчук.	B: This is Mr. Kravchuk.
А: А він хто?	A: Who's he?
Б: Він Ігор.	B: He's Igor.
А: А вона хто?	A: And who's she?
Б: Вона Оксана.	B: She's Oksana.
А: Чи Оксана професор?	A: Is Oksana the professor?
Б: Ні, вона не професор.	B: No, she's not the professor.
Вона студентка.	She's a student.
А: Чи пан Кравчук професор?	A: Is Mr. Kravchuk the professor?
Б: Так, він професор.	B: Yes, he's the professor.
А: Чи Іван студентка?	A: Is John a *(girl)*student.
Б: Ні, він студент, але Оксана студентка.	B: No, he's a *(boy)*student, but Oksana is a *(girl)*student.[3]

---

[3]Ukrainian has two words for student depending on gender. This will be explained in this chapter.

ГРАМАТИКА   GRAMMAR

1. **Ні and не.** Ні means no, whereas не means not.

For example:

Ні, вона не професор. No, she is not a professor.

2.**The interrogative чи.** The interrogative чи is used to ask a question about something or someone.

For example:

Чи пан Кравчук професор? Is Mr. Kravchuk the professor?

Чи can also be placed in the middle of a sentence to mean or.

For example:

Я читаю[4] щоденник „Свобода" чи книги. I am reading the daily paper "Svoboda" or books.

3.**Але means but.**
For example:

Оксана студентка, але Галина працює.[5] Oksana is a student, but Halyna works.

4. **Так means yes.**

For example:

Так, Ігор студент. Yes, Igor is a student.

---

[4]Conjugation I of verbs will be covered in the next lesson.

[5]Працює is the third person form of the verb працювати. Irregular verbs will be covered later.

5. **Хто** and **що**. **Хто** means *who*, and **що** means *what*.

For example:

Хто професор? Who is the professor?
Хто це? Who is this?
Що це? What is this?

6. **Це** means *this*.

For example:

Це книга. This is a book.

7. **Студент** and **студентка**. **Студент** and **студентка** both mean *student*, but the use of either one depends on the gender of the subject[6]. **Студент** is *masculine*, meaning *(boy)* student, whereas **студентка** is *feminine*, meaning *(girl)* student. In this manner Ukrainian is different from English. Ukrainian has many occupational nouns which have masculine and feminine counterparts for the same words.

For example:

Іван студент. John is a student, literally meaning "John is a *(boy)* student."
Оксана студентка. Oksana is a student, litterally meaning "Oksana is a *(girl)* student."

8. **А** means *and* in the form of an interrogative.

For example:

А це хто? And who is that?

---

[6]Ukrainian has three genders. The genders will be covered in the next chapter.

PERSONAL ARTICLES.

singular	---------------	plural	-------------
I	я	we	ми
you(informal) and singular	ти	you(plural) and formal	ви
he, she, it	він, вона, воно	they	вони

ДОМАШНЯ РОБОТА   HOMEWORK

I. Перекладіть цей діалог з англійської мови на українську.
Translate this dialogue from English to Ukrainian.

1. What is this? 2. This is a table. 3. And what is this? 4. This is a window. 5. Who is this? 6. This is Mr. Kravchuk. He is the professor. 7. Oksana is a student. 8. John is a student. Is Igor a student? 9. Oksana is a student, but Halyna works[працює].

II. Перекладіть з української мови на англійську.
Translate from Ukrainian to English.

1. Хто це?   Це пан Кравчук.   2. Чи він професор?   Так, він професор.
3. А хто це? Це Оксана. 4. Чи вона працює? Ні, вона студентка, але Галина працює. 5. Чи Ігор професор? Ні, Ігор не професор. Він студент.

III. Заповніть таблицю.
Fill in the chart.

singular	--------------	plural	-------------
I		we	
you(informal) singular		you(formal) plural	
he, she, it		they	

The second chart is on the next page.

singular	--------------	plural	--------------
	я		ми
	ти		ви
	він, вона, воно		вони

ЛЕКЦІЯ ДРУГА   SECOND LESSON

ДІАЛОГ	DIALOGUE
A: Добрий день!	A: Hello!
Б: О, добрий день! Як ся маєш?	B: Oh, hello! How are you?
A: Добре, дякую. А ти?	A: Fine, thank you. And you?
Б: Дуже добре, дякую.	B: Very well, thank you.
A: А що ти читаєш?	A: And what are you reading?
Б: Я читаю український щоденник „Свобода."	B: I'm reading the Ukrainian daily paper <u>Svoboda</u>.
A: Справді? Що вони пишуть про Україну?¹ Що нового?	A: Is that so? What are they writing about Ukraine? What's new over there?
Це дуже дуже цікавий. Вони готуються за нових виборів.²	B: It is very interesting. They're doing new elections.
A: Дуже цікаво. Ну, я йду далі. До побачення.	A: Well, I'm going on my way. Good bye.
Б: До побачення.	B: Good bye.

---

¹**Україну** is the accusative form of **Україна**. The accusative case will be fully covered in lesson seven.

²**Вибори** is the plural form of **вибір** (choice). **Вибори**, here however, means elections. **Виборів** is the genitive form of **вибори** and **нових** is the genitive plural form of **новий**. Plural nouns and adjectives will be fully covered in the next lesson. The Ukrainian grammatical structure is a case system. Cases will be introduced in lesson four and the genitive case will be covered in lesson five.

СЛОВНИК   VOCABULARY

добрий день*[3]	Hello
Україна (f)	Ukraine
читати (I)[4]	to read
писати (irr.)	to write
іти (йти) (irr.)	to go
український (adj)	Ukrainian
вибори (pl)	election
мати (I)	to have
добре	good
дуже	very
цікавий	interesting
і (й)	and
робити (II)	to do
говорити (II)	to speak, talk
розуміти (I)	to understand
Різдво (n)	Christmas
Великдень (m)	Easter
декорація (f)	decoration
підручник (m)	textbook
є	there is
багато	many
часто	often
там	there
олівець (m)	pencil
життя (n)	life
завжди	always

---

[3]In the dialogues and vocabulary segments, words that are idioms will be accompanied by an *. This means to look into the idiom section, where that word will be explained.

[4] This chapter will cover the first and second conjugation of verbs. As you go on in this book, verbs will be accompanied by either *(I)* for the *first* conjugation, *(II)* for the *second* conjugation, *(III)* for *third* conjugation, or *(irr.)* for *irregular* verbs.

Ідіоми   Idioms

Як ся маєш? How do you do? or How are you? Literally this means *"How do you have yourself?"*

справді? Is that so? Literally that means *"Is that the truth?"*

добрий день! Hello! Literally that means *"Good day!"*

До побачення. Good bye. Literally that means *"Till we see each other again."*

Мене звуть. My name is. Literally that means *"They call me...."*

По-українському   По-англійському. In Ukrainian, in English.

ЧИТАННЯ   READING

Мене звуть Іван. Я говорю по-українському. Я розумію по- французському, по-німецькому, по-англійському, по-російському, і по-українському. Я завжди пишу й читаю по-російському й по-українському. Я роблю декорації[5] на Різдво й Великдень. Там є Галина. Вона має український підручник. Вона багато читає. Галина говорить по-українському. Вона також розуміє по-англійському, але вона не читає і не пише. Ми все розуміємо по-українському. Галина має підручник, а я маю олівець. Це наше[6] життя.

ГРАМАТИКА   GRAMMAR

GENDER OF NOUNS.

Ukrainian, like English, has three genders. Genders in Ukrainian, however, are very important in grammatical structure. In English genders are somewhat vague and not important in grammar. In English nouns that are associated with girls or females are considered *feminine*, nouns associated with boys or males are considered *masculine*, and all other nouns are considered *neuter*, but in Ukrainian gender is a type of noun category. Gender will become very important in lesson four when you will be introduced to cases. Ukrainian has three genders, *masculine, feminine,* and *neuter.*

---

[5] **Декорації** is plural of **декорація**. Plurality will be discussed later.

[6] **Наш, наша, наше** are possessives. The posessives will be covered in the next lesson.

CATEGORIES OF NOUNS IN EACH GENDER.

masculine	feminine	neuter
стіл	книга	вікно
олівець	таблиця[7]	море
Павло[8]	декорація	життя ім'я[9]

The key to finding out the gender of nouns is simple. Most masculine nouns end in a hard consonant. Other masculine nouns end in a soft consonant. Some masculine first names end in *o*. Most feminine nouns end in *a, я,* or *ія.* Note that there are also some feminine nouns that end in a soft consonant. These feminine nouns are declined differently from the masculine soft-stem nouns.[10] Neuter nouns usually end in *o* or *e.* Some neuter nouns end in *я.* These nouns usually have a double consonant that precedes the vowel. The word *ім'я* (name) is neuter and is in the third declension of neuter nouns. To avoid confusion of genders, each noun in the vocabulary will be followed *(m)* if masculine, *(f)* if feminine, and *(n)* if neuter.

GENDER AGREEMENT OF NOUNS AND ADJECTIVES.

Unlike in English, adjectives in Ukrainian take an ending according to gender and case. Ukrainian has two types of adjectives, hard-stem and soft-stem. They are shown in the chart below.

ADJECTIVE ENDINGS

--------------	masculine	feminine	neuter
hard stem	український цікавий	українська цікава	українське цікаве
soft stem	домашній[11]	домашня	домашнє

---

[7] chalkboard, plate(in book), chart

[8] Paul

[9] first name

[10] You decline nouns when you are working with cases. Cases will be introduced in lesson four.

CAPITALIZATION OF NATIONAL OR REGIONAL NOUNS AND ADJECTIVES.

In Ukrainian names of persons, cities, regions, and countries are capitalized, but adjectives describing something of being associated with a city, region, or country are not capitalized. Nouns describing people as nationals of a particular country are also not capitalized.

Examples: **Україна, Франція, Росія;** but **український, французький, російський**

FIRST CONJUGATION OF VERBS.

In Ukrainian there are four conjugations of verbs; however, the third conjugation will be covered in a later lesson. They are known as conjugations (I), (II), (III) and (irregular). Verbs (III) conjugation are not covered in this lesson. First conjugation verbs *(I)* end in **ати, яти** and some in **іти.** Conjugations (I) are shown in the charts below.

CONJUGATION (I) VERBS **ЧИТАТИ** (to read) AND **МАТИ** (to have)

я	читаю маю	ми	читаємо маємо
ти	читаєш маєш	ви	читаєте маєте
він, вона, воно	читає має	вони	читають мають

CONJUGATION (I) VERB **РОЗУМІТИ** (to understand)

я	розумію	ми	розуміємо
ти	розумієш	ви	розумієте
він, вона, воно	розуміє	вони	розуміють

SECOND CONJUGATION VERBS

Second conjugation verbs*(II)* usually take the ending -**ити**, but some take the ending -**іти**. Conjugation (II) verbs with the ending-**іти** are conjugated the same as -**ити**. Some conjugation (II) verbs add the letter **л** in the first person singular and third person plural. All conjugation(II) verbs will be indicated with

---

[11]**домашній** means domestic, home.

(II). However conjugation (II) verbs with the stem change will be conjugated in that chapter where it is introduced.

CONJUGATION (II) VERBS **ГОВОРИТИ**(to speak, talk) AND **РОБИТИ**(to do, make)

я	говорю роблю	ми	говоримо робимо
ти	говориш робиш	ви	говорите робите
він, вона, воно	говорить робить	вони	говорять роблять

IRREGULAR VERBS

Irregular verbs are verbs that are not classified under conjugation(I), (II) or (III). Every irregular verb is conjugated differently; therefore each irregular verb will be conjugated in the lesson that it is presented. Irregular verbs will be indicated with *(irr.)*.

THE IRREGULAR VERB **ІТИ**(to go on foot[12])

я	йду (іду)	ми	йдемо (ідемо)
ти	йдеш (ідеш)	ви	йдете (ідете)
він, вона, воно	іде (йде)	вони	йдуть (ідуть)

Due to euphonic rules *(See prechapter)* і changes to й. If the preceding word ends in a consonant, the verb begins with *і*, but if the preceding word ends in a vowel, the verb ends in *й*.

---

[12] Verbs of motion will be covered in a later chapter.

For example,

Я йду до школи[13].	I'm going to school.
Він іде до школи.	He is going to school.
Вона йде до школи.	She is going to school.
Ми йдемо до школи.	We are going to school.
Ми з Богданом[14] ідемо до школи.	Bohdan and I are going to school.
Вони йдуть до школи.	They are going to school.
Іван і Ігор ідуть до школи.	John and Igor are going to school.

THE IRREGULAR VERB **ПИСАТИ**(to write)

я	пишу	ми	пишемо
ти	пишеш	ви	пишете
він, вона, воно	пише	вони	пишуть

THE INFORMAL **ТИ** VERSUS THE FORMAL **ВИ**

Ти is not only you singular, but it is informal. However, the plural form of you, *ви,* can also be singular but formal. Ukrainian, like most European languages, has a way of addressing someone formally and informally. One uses *ти* to address a close friend, a close relative, or someone one knows well or has an intimate relationship with. On the other hand, one uses *ви* to address someone professionally, to address an elder or someone that one does not know well. **Never** use **ти** to address someone whom you do not know. When in doubt, always use *ви.* Many older Ukrainians may be offended or consider you impolite if you address them with **ти**. One uses **ви** not only for singular or plural formally, but it is also the informal you in the plural.

---

[13] **Школи** is the genitive form of **школа**. **Школа** means school. The genitive case will be covered in lesson five.

[14] **Богданом** is the instrumental form of **Богдан**. The instrumental case will be covered in lesson eight.

ДОМАШНЯ РОБОТА   HOMEWORK

I. **Пишіть повні відповіді на питання про читання.**
Write complete answers to the questions about the text.

1. Яку мову[15] розуміє Іван?   2. Чи Іван має підручник?   3. Хто
має підручник, а хто має олівець?   4. Чи Галина розуміє по-
українському?
5. Чи вони все[16] говорять по-українському?   6. Чи Галина
говорить по-англійському?   7. Як вона пише?   По-українському
чи по-англійському?   8. Що робить Іван?

II. **Заповніть кінці слів.**
Fill in the endings.
1. Українськ__ підручник.   2. Цікав__ книга.   3. Нов__ вокно.
4. домашн__чоловік.   5. Домашн__ робота.   6. Син__ море.

III. **Перекладіть з англійської мови на українську.**
Translate from English to Ukraainian.

1. Hello, how are you?   2. John is reading a Ukrainian textbook.
3. Halyna reads and understands English but does not speak or write it.
4. What are you doing?   5. What's new?   6.Is that so?   7. Very interesting.

IV. **Перекладіть з української мови на англійську.**
Translate from Ukrainian to English.

1. Добрий день, як ся маєш?   2. В Україні[17] готуються за
виборів.
3. Чи ти розумієш по-українському?   4. Я йду до школи.   5. Він
читає підручник.   6. Що вона має?   7. Вона має словник.

---

[15] **Мову** is accusative of **мова**. **Мова** means language.

[16] all

[17] **Україні** is locative of **Україна**. The locative will be covered in a later lesson.

ЛЕКЦІЯ ТРЕТЯ   THIRD LESSON

ДІАЛОГ	DIALOGUE
А: Чи це твоя книга?	A: Is that your book?
Б: Так, це моя книга.	B: Yes this is my book.
А: Хто вони?	A: Who are they?
Б: Вони українки з Полтави.	B: They are the Ukrainian girls from Poltava.
А: Що вони тут роблять?	A: What are they doing here?
Б: Ці дівчата все грають на бандурі.[1]	B: These girls all play the Bandura.
А: А він хто? Чи він також українець?	A: And who's he? Is he also Ukrainian?
Б: Це пан Писаренко. Він дуже добре грає на бандурі й співає старі козацькі пісні. Він українець, але живе в Канаді.[2] Його батьки емігранти з України.	B: He is Mr. Pisarenko. He plays the bandura and sing old Cossak songs. He is a Ukrainian, but he lives in Canada. His parents are immigrants from Ukraine.

СЛОВНИК   VOCABULARY

мій		my, mine
твій	*(informal/singular)*	your, yours
його		his
її		her, hers
їх		their, theirs
наш		our, ours

---

[1] Бандурі is the locative form of бандура. The locative case will be fully covered in lesson nine.

[2] Канаді is the locative of Канада.

ваш	*(formal/plural)*	your, yours
українець *(m)*		Ukrainian
українка *(f)*		Ukrainian[3]
бандура *(f)*		b a n d u r a , Ukrainian folk instrument
грати *(I)*		to play
співати *(I)*		to sing
жити *(irr.)*		to live
кімната *(f)*		room
дівчина *(f)*		girl
кіт *(m)*		cat
працювати *(I)*		to work
вставати (уставати) (I)		to get up
диван *(m)*		d i v a n , s o f a , couch
пісня *(f)*		song
козацький *(adj)*		Cossak
батько *(m)**		father
старий		old
більший		big
коло		next to
кама *(f)*		bed
крамниця *(f)*		store
ранок *(m)*		morning
вечір *(m)*		evening
любити *(II)*		to love, like
тут		here
де		where
лист *(m)*		letter
царапати *(I)*		to scratch, to paw
коли		when
знати *(I)*		to know
нога *(f)*		leg, foot

КОЖНИЙ   Ідіоми   Idioms   each

Батько *(m)* means father, but батьки *(plural)* is translated idiomatically as parents, literally meaning *"fathers."*

---

[3] See lesson one about two words meaning the same thing and that is used according to gender.

ЧИТАННЯ   READING

МОЯ КІМНАТА

Це моя кімната. Моя кімната добра й більша. Кожного ранку[4] я встаю й працюю. Я працюю в крамниці[5]. Це мій кіт. Там є його кама, коло моєї.[6] Кожний вечір я люблю читати дуже цікаві книги. Мої книги все там. Десь є стіл де я пишу мої листа. Мій кіт дуже цікавий. Коли моя мати йому[7] що-небудь[8] дає, він знає й царапає її ноги.

ГРАМАТИКА   GRAMMAR

THE PLURAL OF NOUNS.

In Ukrainian plurality is rather simple.. Nouns are shown here on these tables.

REVIEW OF SINGULAR IN ALL THREE DECLENSIONS OF NOUNS

Declension	masculine	feminine	neuter
(I)	диван	книга	вікно
(II)	вогонь[9]	крамниця декорація	море
(III)	батько	радість[10]	читання ім'я

---

[4] Кожного is the genitive form of кожний. Ранку is the genitive of ранок. The genitive case will be covered in lesson five.

[5] Крамниці is the locative form of крамниця. The locative case will be covered later.

[6] Моєї is genitive of моя.

[7] Йому is the dative form of він. The dative case will be covered in lesson six.

[8] Something: Do not concern yourself with this yet. It will be covered later.

[9] fire

[10] happiness

PLURAL OF NOUNS

Declension	masculine	feminine	neuter
(I)	дивани	книги	вікна
(II)	вогні	крамниці декорації	моря
(III)	батьки	радости	читання ім'єна

Note that all these nouns are in the nominative case. Case will be introduced in the next lesson.

Also note that some Ukrainian nouns have fleeting vowels. This means that, when a particular noun is in the plural form or is declined, it loses the vowel of the last syllable when the ending is added on.

FLEETING e and o IN MASCULINE NOUNS

singular	українець	ранок
plural	українці	ранки

THE IRREGULAR FEMININE NOUNS МАТИ(mother) AND ДІВЧИНА(girl)

English word	singular	plural
mother	мати	матері
girl	дівчина	дівчата

PLURAL AGREEMENT OF ADJECTIVES AND NOUNS

---------	masculine	feminine	neuter	plural (m,f, &n)
hard stem	новий	нова	нове	нові
soft stem	домашній	домашня	домашнє	домашні

Note that adjectives have one ending that agrees with all three genders in the plural.

POSSESSIVE PRONOUNS

Ukrainian, like English, has possessive pronouns. The first and second person possessives in the singular and plural agree with gender and case. However, third person singular and plural possessives do not agree with gender and case.

FIRST AND SECOND PERSON SINGULAR POSSESSIVES

article	masculine	feminine	neuter	plural all genders
my,mine	мій	моя	моє	мої
your,yours	твій	твоя	твоє	твої

FIRST AND SECOND PERSON PLURAL POSSESSIVES

article	masculine	feminine	neuter	plural all genders
our,ours	наш	наша	наше	наші
your,yours	ваш	ваша	ваше	ваші

Note that твій is singular but is only informal. The formal form is ваш, which is formal singular and plural formal and informal. See lesson two about when to use the informal and formal.

THIRD PERSON POSSESSIVES

his	його
hers, her	її
its	його
their, theirs	їх

Note that the third person pronouns do not have endings that agree with gender and case as the first and second person possessives do. The third person possessives are actually the *genitive* forms of the third person pronouns.[11]

---

[11] The genitive case will be covered in lesson five.

FIRST CONJUGATION VERBS ENDING IN -**АВАТИ**, -**УВАТИ**, AND -**ЮВАТИ**.

Verbs ending in -*авати*, -*увати*, and -*ювати* are of the first conjugation but are conjugated differently from the conventional verbs of the first conjugation. In the vocabulary they will be indicated with *(I)*.

THE VERB **ДАВАТИ**(to give)

я	даю	ми	даємо
ти	даєш	ви	даєте
він, вона, воно	дає	вони	дають

Note that **вставати** or **уставати**(*to wake up*) are bound to the euphonic rules. As was stated in the prechapter, when the preceding word ends in a *vowel*, this verb begins with **в** and when the preceding word ends in a *consonant*, the verb begins with **у**. Otherwise **вставати** is conjugated like **давати**.

THE VERB **ПРАЦЮВАТИ**(to work)

я	працюю	ми	працюємо
ти	працюєш	ви	працюєте
він, вона, воно	працює	вони	працюють

Note that -**увати** verbs are conjugated like **працювати**, which is conjugated above.

THE VERB **ЛЮБИТИ** (to love, to like)

я	люблю	ми	любимо
ти	любиш	ви	любите
він, вона, воно	любить	вони	люблять

THE VERB ЖИТИ (to live)

я	живу	ми	живемо
ти	живеш	ви	живете
він, вона, воно	живе	вони	живуть

ДОМАШНЯ РОБОТА   HOMEWORK

I. Пишіть повні відповіді на питання читання.

Write complete answers to the questions of the text.

which

1. Яка моя кімната?   2. Що робить мій кіт?   3. Що я роблю кожного ранку?   4.Де я працюю?   5. Що я люблю робити кожний вечір?   6. Чи я маю книги?

II. Перекладіть з англійської мови на українську.

Translate from English to Ukrainian.

1. My room is nice[гарна] and large.   2. I love to read very interesting books.   3. I work in a store[в крамниці].   4. Halyna Menkush plays the bandura[грає на бандурі].   5. Is she a Ukrainian?   6. He is a Ukrainian, but he lives in Canada[в Канаді].

III. Перекладіть з української мови на англійську.

Translate from Ukrainian to English.

1. Іван Писаренко грає на бандурі.   2. Ми читаємо дуже цікаві книги. 3.Добрий вечір, як ся маєте?   4. Чи ти тут живеш?   5. Чи він українець?

6. Вона українка, але живе у США.

IV. Заповніть кінці слів.

Fill in the endings of the words.

1. М___ кіт. 2. Стар___ бандура. 3. Тв___ книги. 4. Гарн___ кімната. 5. М__ декорації. 6. Цікав__ українець.   7. Тв__ кіт. 8. Тв__ книга. 9. Тв__ ім'я. 10. Тв__ книги.

ЛЕКЦІЯ ЧЕТВЕРТА   FOURTH LESSON

ДІАЛОГ   DIALOGUE

В АПТЕЦІ[1]   IN THE PHARMACY

ХВОРИЙ: Добрий вечір.	SICK: Good evening.
АПТЕКАР: Добрий вечір, як ся маєте?*	PHARMACIST: Good evening. How are you doing?
Х: Дуже погано. У мене болить усе тіло.* Мені[2] дуже холодно,* і я не можу спати.	S: Awful, my whole body aches. I'm very cold, and I can't sleep.
А: Гадаю що ви маєте грипп.	PH: I think you have the flu.
Х: Я також гадаю. Чи ви маєте ліки проти грипу[3]?	S: I also think so. Do you have any medicine against the flu?
А: Так маю, але треба йдти до лікаря[4] і дістати підпис.	PH: Yes, I have, but you must go to the doctor and get a prescription.
Х: Добре, я буду робити. Дуже дякую, до побачення.	S: Ok, I'll do that. Thank you very much. Good bye.

СЛОВНИК   VOCABULARY

бути(irr.)	to be
могти(irr.)	to be able
лікар(m)	doctor
аптека(f)	pharmacy
боліти(II)	to ache, to ail
погано	badly
поганий	bad

---

[1] Аптеці is the locative case of аптека.   This lesson will get you introduced to the Ukrainian case system.   Each case will be covered in between this lesson and lesson eleven.

[2] Мені is the dative case of я.

[3] Грипу is the genitive form of грип.

[4] Лікаря is the genitive form of лікар.

підпис *(m)*	*(here)*	prescription
треба *(+dat)*[5]		necessary
дістати *(I)*		to receive
хворий		sick, ill
аптекар *(m)*		pharmacist
лікарня *(f)*		hospital
тіло *(n)*		body
ліки *(pl)*		medicine
холодно		cold
усе (все)		all, everything
дуже		very
гадати *(I)*		to think so, to assume
грип *(m)*		flu, influenza
проти *(+gen)*		against, opposed
хворіти *(II)*		to get sick, to be ill
тепер		now, nowadays
край *(m)*		country, nation
Радянський союз *(m)*		Soviet Union
зараз		now, right now
бідний		poor
частина *(f)*		piece, part
радянський		Soviet
уряд *(m)*		government
брати *(irr.)*		to take
народ *(m)*		people, folk
серьозно		serious
їхати *(irr.)*		to drive
багато *(+gen)*		many
успіх *(m)**		success, luck
надіятися *(I)*		to hope
краще		better
Навий		new

---

[5] *(+dat)* means that a word is governed by the dative case. Case abbreviations will be discussed in this lesson under the paragraph "The Notion of Case."

Ідіоми   Idioms

*Мені холодно. I'm cold, literally meaning *"It is cold to me."*
*Як ся маєте is the formal of *"Як ся маєш."*
*У мене боліть тіло. My body aches, literally meaning *"By me the body aches."*
*Успіх! Good luck!, literally meaning *Success!*

ЧИТАННЯ   READING

Україна тепер новий край. Україна зараз дуже бідна. Вона бідна, тому, що коли вона була частиною Радянського союзу[6], радянський уряд брав усе від українського народу.[7] Лікарні в Україні тільки дістали що їм радянський уряд[8] дав. Радянські ліки не було так добрі. Якщо хтось серьозно захворив, і треба їхати до лікарні, не був так багато успіха.[9] Надіємося що тепер буде краще в Україні.

ГРАМАТИКА   GRAMMAR

PLURAL OF NOUNS *(continued)*

Some plurals of nouns that have the vowel і will change to either o or e. This usually occurs in masculine and feminine(III) nouns.

---

[6] Радяанського союзу is the genitive form of Радянський союз. The genitive case will be covered in the next lesson. Частиною is the instrumental form of частина. The instrumental case will be fully covered in lesson eight.

[7] Народу is the genitive of народ. Українського is the genitive of український.

[8] Їм is dative of вони. The dative case will be covered in lesson six.

[9] Успіха is the genitive of успіх.

For example, look at the chart.

	masculine	feminine (III decl)
singular	рік[10]	річ[11]
plural	роки	речі

This will be added after the noun before the gender if there is a vowel change, (i/o) or (i/e).

THE NOTION OF CASE

"*What is a case?*" you may ask, especially if you have never studied a foreign language before. Unlike English, a major part of the Ukrainian grammatical structure is called a "*case system.*" A *case* is basically the noun changing its ending to indicate a specific grammatical function. Certain prepositions may also govern a specific case. Ukrainian has seven cases. They come in this order: "*1) Nominative, 2) Genitive, 3) Dative, 4) Accusative, 5) Instrumental, 6) Locative, and 7) Vocative.*" Nouns are declined both in the singular and plural. Declining is basically listing a noun in each case. In the next few lessons, cases will be covered fully. A case system may seem intimidating at first, but once it is learned, the language will become easier. Cases will be covered one per lesson in the order shown in this paragraph starting with the *nominative* case in this lesson. Another important thing to know is the abbreviations which in the vocabularies of each lesson will appear after a preposition governing a particular case. They are as follows: *(+nom)* nominative, *(+gen)* genitive, *(+dat)* dative, *(+acc)* accusative, *(+inst)* instrumental, *(+loc)* locative, and *(+voc)* vocative. Note that the vocative case is very rarely used.

THE NOMINATIVE CASE

The nominative case is always the first case one works with. All nouns given in the vocabularies which were not footnoted were in the *nominative* case. Any noun given in any dictionary will always be in the *nominative* case.

Uses of the nominative case: The nominative case is used as the *subject* or the source of the action.

---

[10] Рік means year.

[11] Річ means thing.

For example: *John* is reading a book. Who is reading a book? John, of course. In Ukrainian, John would be in the *nominative* case because he is the source of the action. In Ukrainian it would translate as such: *Іван* читає книгу.

THE VERB БУТИ. (to be)

я	буду	ми	будемо
ти	будеш	ви	будете
він, вона, воно	буде	вони	будуть

THE FUTURE COMPOUND

The future compound is formed by the verb бути plus the infinitive of the action verb.

For example:

Я буду читати книгу. *I will read a book.*
Він буде це робити. *He will do this.*
Ми будемо співати українські коляди. *We will sing Ukrainian Christmas carols.*

THE PAST TENSE OF VERBS

The past tense of verbs is very simple, but you must remember that in Ukrainian the past tense is also conjugated according to the gender of the source of the action.

THE PAST TENSE OF CONJUGATION (I) VERBS *singular*

gender	я	ти	він	вона	воно
masc.	читав	читав	читав	---------	--------
fem.	читала	читала	---------	читала	--------
neut.	---------	---------	---------	---------	читало

Plural

ми	читали
ви	читали
вони	читали

PAST TENSE OF (II) CONJUGATION VERBS *singular*

gender	я	ти	він	вона	воно
masc.	робив	робив	робив	---------	--------
fem.	робила	робила	---------	робила	--------
neut.	---------	---------	---------	---------	робило

Plural

ми	робили
ви	робили
вони	робили

REFLEXIVE VERBS

Reflexive verbs are verbs ending in *ся*. Except for the (I) conjugation reflexive verbs, the rest are conjugated like the regular verbs but take *ся* at every ending. Past tense reflexive verbs are conjugated as the past tense of the verbs shown above but take *ся* at every ending.

Reflexive verbs of the first conjugation in the first person present tense take -*ться* after the ending.

THE VERB НАДІЯТИСЯ. (to hope)

я	надіюся	ми	надіємося
ти	надієшся	ви	надієтеся
він, вона, воно	надіється	вони	надіються

THE PAST TENSE OF **БУТИ** (to be)

masculine	був
feminine	була
neuter	було
plural	були

THE PRESENT TENSE OF **МОГТИ**. (to be able)

я	можу	ми	можемо
ти	можеш	ви	можете
він, вона, воно	може	вони	можуть

THE PAST TENSE OF **МОГТИ**

masculine	міг
feminine	могла
neuter	могло
plural	могли

THE PAST TENSE OF **ІТИ** (to go on foot)

masculine	ішов (йшов)
feminine	йшла (ішла)
neuter	йшло (ішло)
plural	йшли (ішли)

THE PAST TENSE OF **ЖИТИ** (to live)

masculine	жив
feminine	жила
neuter	жило
plural	жили

THE PRESENT TENSE OF ЇХАТИ (to go by conveyance)

я	їду	ми	їдемо
ти	їдеш	ви	їдете
він, вона, воно	їде	вони	їдуть

THE PAST TENSE OF ЇХАТИ

masculine	їхав
feminine	їхала
neuter	їхало
plural	їхали

THE PAST TENSE OF ПИСАТИ (to write)

masculine	писав
feminine	писала
neuter	писало
plural	писали

ДОМАШНЯ РОБОТА   HOMEWORK

I. Пишіть повні відповіді на питання про читання.
Write complete answers to the questions of the text.

1. Що тепер Україна? 2. Чи Україна завжди була незалежна?[12]
3. Що робив радянський уряд Україні?[13] 4. Що Україна дістала від[14] Радянського союзу? 5. Що брав радянський уряд від українського народу? 6. Як ви гадаєте, чи добре що Радянський

---

[12] independent

[13] Україні is the dative of Україна.

[14] from

союз упав? 7. Чи Україна зараз багата[15] чи бідна?

II. Перекладіть з англійської мови на українську.
Translate from English to Ukrainian.

1. Ukraine was part of the Soviet Union[Радянського союзу]. 2. Ukraine is now a new country. 3. Ukraine is poor because the Soviet government took everything from the people[16]. 5. The hospitals do not receive what they need[їм треба]. 6. If someone is seriously ill, he is out of luck[не має успіх]. 7. We hope that now that Ukraine is independent things will be better.

III. Перекладіть з української мови на англійську.
Translate from Ukrainian to English.

1. Україна тепер новий край. 2. Україна була частиною Радянського союзу. 3. Україна зараз дуже бідна, тому, що радянський уряд брав усе від українського народу. 4. Я гадаю що це не буде довго[17] коли Україна буде багата. 5. Аптекарі,[18] чи ви маєте ліки проти грипу? 6. Так, але треба дістати підпис від лікаря.

IV. Перекладіть склади на українську мову двічі.
Translate the sentences into Ukrainian twice.

Sentences will be given in English once. Translate into Ukrainian; a) in the present tense and b) in the future compound.
1. I receive a letter. 2. I am reading a book. 3. I speak.

V. Translate into Ukrainian. Watch for the past tense.
1. I lived in Chicago. 2. I do not understand what he said. 3. I was in Ukraine.
4. Who did this?

---

[15] rich

[16] Use від +genitive for from.   Народу is the genitive of народ.

[17] long

[18] Аптекарі is the vocative of аптекар. The vocative case will be fully covered in lesson eleven.

ЛЕКЦІЯ П'ЯТА   FITH LESSON

This lesson deals with the genitive case. Lesson five through lesson eleven will have the endings of the nouns underlined that indicate the particular case covered in the lesson.

ДІАЛОГ   DIALOGUE

НА ВОКЗАЛІ[1]   IN THE RAILWAY STATION

ПАСАЖИР: Прошу, чи ви знаєте коли поїзди їздять до Полтав<u>и</u>?

PASSENGER: Excuse me, do you know when the trains leave for Poltava?

КАССИР: Так, є один що відіздить від сюди о десят<u>і</u> годин_ кожн<u>ого</u> ранк<u>у</u> й приїздить у Полтаву[2] о дв<u>ох</u> годин_ дн<u>я</u>.

Я how many

TICKET AGENT: Yes, there is one that leaves here at 10:00 every morning and arrives at 2:00 in the afternoon.

П: Добре, скільки коштує квиток?

P: Good, how much does it cost?

К: Тридцять п'ять карбованц<u>ів</u> туди і назад.

T: It costs 35 karbovanetses round trip.

П: Добре, хочу один квиток.

P: Good, I'd like one ticket.

К: Добре, тридцять п'ять карбованц<u>ів</u> будь ласка.

T: That'll be 35 karbovanets please.

П: Дуже дякую.

P: Thank you very much.

РАДІО ВОКЗАЛ<u>У</u>: Увага, увага. Поїзд до Москв<u>и</u> приїде через п'ять хвилин_. Поїзд від Львов<u>а</u> приїжджає через десять хвилин і їждже до Полтав<u>и</u> десять годин_ ранк<u>у</u>.

INTERCOM: Attention, The train to Moscow will be arriving in 5 minutes. The train from L'viv will arrive in 10 minutes and will leave for

---

[1] вокзалі is locative of вокзал. The locative case will be fully covered in lesson 10.

[2] **Полтаву** is the accusative case of **Полтава**. The accusative case will be fully covered in lesson seven.

Poltava at 10:00.

П: Чи можна входити?	P: May I board?
ПРОВІДНИК: Треба ваш квиток.	CONDUCTOR: I need your ticket.
П: Прошу.*	P: Here it is.
ПР: Куди ви їдете?	C: Where are you going?
П: До Полтави.	P: To Poltava.
ПР: Добре, ту є карточка правил_ вагону.	C: Here is your rules card.
П: Дякую.	P: Thank you.

СЛОВНИК   VOCABULARY

поїзд *(m)*	train
година *(f)*	hour
ходити *(II)*	to walk ~~to go (on foot, habitually)~~
їздити *(II)* їхати	ride to go *(by conveyance, hab.)*
хвилина *(f)*	minute
вокзал *(m)*	railway station
провідник *(m)*	train conductor
карбованець *(m)*	karbovanets, the Ukrainian currency
правило *(n)*	rule, law
вагон *(m)*	train car
квиток *(m)*	ticket, bank note
день *(m)*	day
пасажир *(m)*	passenger
касир *(m)*	cashier, ticket agent
прошу	excuse me
куди	where to
до *(+gen)*	till, towards
від *(+gen)*	from, out of
з *(+gen)*	from
про *(+acc)*	about
після *(+gen)*	after
промисловість *(f)*	industry
Запоріжжя *(f)*	Zapporizhia, region of Ukraine
Київ *(m)*	Kiev
Полтава *(f)*	Poltava, Ukrainian city and region
Одеса *(f)*	Odessa

Київщина *(f)*	Kievshchyna, region around Kiev
Галичина *(f)*	Halychyna, region of Ukraine
Гуцуль *(m)*	Hutsul, region of Ukraine
Севастополь *(f)*	Sevastopol
Крим *(m)*	Crimea
культура *(f)*	culture
земля *(f)*	world, earth, soil, land
СРСР *(m)*	U S S R
комуніст *(m)*	communist
Чорне море *(n)*	Black Sea
чорний	black
червоний	red
література *(f)*	literature
треба *(+dat)*	is necessary, must
туди	there, thither
коли	when
входити *(II)*	to walk in
будь ласка	please
корабель *(m)*	ship
місто *(n)*	city
господарство *(n)*	agriculture, farming
важний	important
степ *(m)*	steppe
скільки *(+gen)*	how many
тільки	only
Чорноморський флот *(m)*	Black Sea fleet
море *(n)*	sea
флот *(m)*	fleet
столиця *(f)*	capital
північ *(f)*	north
південь *(m)*	south
захід *(m)*	west
схід *(n)*	east
багато *(+gen)*	many
північний	northern
південний	southern
західній	western
східній	eastern

Ідіоми   Idioms

*Прошу can also be used when one gives money to pay a cashier or to show documents to an officer.   Example: **Давайте паспорт будь-ласка. Прошу.**   Literally this means *"Please take my money."* or *"Please look at my passport."* as in the scenario of the border officer asking for the passport in the example above.

ЧИТАННЯ   READING

УКРАЇНСЬКА ЗЕМЛЯ

Земля української культури не тільки в Україні[3].   Два мільйони українців живуть у Канаді й Америці[4].   Зараз ми читаємо про Україну[5]. Київ столиця України. Тут знаходиться український уряд.   Київщина - це регіон міста Києва.   У півночі й заході[6] є багато лісів.   У середині[7] України є широкий степ.   Середна країна країна українського господарства.   На південі[8] України є берега Чорного моря. Одеса й Севастополь південні міста України.   Крим найпівденна частина України.   Ялта й Севастополь дуже важні міста Криму.   Особливо Севастополь.   Севастополь дім українських і російських кораблів Чорноморського флоту.

---

[3] Україні is the locative of Україна.   The locative case will be covered in lesson ten.

[4] Канаді is the locative of Канада.   Америці is the locative of Америка.

[5] Україну is the accusative case of Україна.   The accusative case will be covered in the next lesson.

[6] Півночі is the locative of північ.   Заході is the locative of захід.

[7] Середині is the locative of середина.

[8] Південі is the locative of південь.

ГРАМАТИКА   GRAMMAR

THE GENITIVE CASE

The *genitive* case is the second case in the Ukrainian language. The genitive case is primarily used to indicate possession as the possessive clause does in English. The genitive case is also used to create certain negations. Many prepositions also govern the genitive case. Therefore a noun following these prepositions must be in the genitive case. For the masculine singular, the genitive case can be tricky. In Ukrainian there are two types of nouns, animate and inanimate nouns. Once you know this rule, it should be easy. *Animate* nouns describe living beings; humans, animals, etc. *Inanimate* nouns describe material and non-living objects.

FIRST-DECLENSION OF NOUNS IN THE GENITIVE SINGULAR

case	masculine	feminine	neuter
nominative	степ, чоловік	книга	місто
genitive	*степу, чоловіка*	*книги*	*міста*

SECOND-DECLENSION OF NOUNS IN THE GENITIVE SINGULAR

case	masculine	feminine	neuter
nominative	день, українець	крамниця	море
genitive	*дня, українця*	*крамниці*	*моря*

THIRD-DECLENSION NOUNS IN THE GENITIVE SINGULAR

case	masculine	feminine	neuter
nominative	батько	радість	читання
genitive	*батька*	*радості*	*читання*

FIRST-DECLENSION NOUNS IN THE GENITIVE PLURAL

case	masculine	feminine	neuter
nominative	степи	книги	міста
genitive	степів	книг	міст

SECOND-DECLENSION NOUNS IN THE GENITIVE PLURAL

case	masculine	feminine	neuter
nominative	дні, українці	крамниці	моря
genitive	днів, українців	крамниць	мор

The Ukrainian word день is the only noun of the second declension that takes the ending -ей. The others take the ending
-ів.

THIRD-DECLENSION NOUNS IN THE GENITIVE PLURAL

case	masculine	feminine	neuter
nominative	батьки	радості	читання
genitive	батьків	радостей	читань

IRREGULAR NOUNS IN THE GENITIVE PLURAL, ДІВЧАТА, МАТЕРІ.

nominative	дівчата	матері
genitive	дівчат	матерів

IRREGULAR NOUNS, ДІВЧИНА(girl) and МАТИ(mother)
singular

nominative	дівчина	мати
genitive	дівчини	матері

plural

nominative	дівчата	матері
genitive	*дівчат*	*матерів*

CARDINAL NUMERALS 1 THRUOGH 1,000,000

один *(m)*		1
одна *(f)*		
одне *(n)*		
два *(m,n)*		2
дві *(f)*		
три		3
чотири		4
п'ять		5
шість		6
сім		7
вісім		8
дев'ять		9
десять		10
одинадцять		11
дванадцять		12
тринадцять		13
чотиринадцять		14
п'ятнадцять		15
шістнадцять		16
сімнадцять		17
вісімнадцять		18
дев'ятнадцять		19
двадцять		20
двадцять	один *(m)*	21
	одна *(f)*	
	одне *(n)*	
двадцять	два *(m,n)*	22
	дві *(f)*	
двадцять	три	23
двадцять чотири		24
двадцять п'ять		25
тридцять		30
сорок		40
п'ятдесят		50
шістдесят		60
сімдесят		70

вісімдесят	80
дев'яносто	90
сто	100
двісті	200
триста	300
чотириста	400
п'ятьсот	500
шістьсот	600
сімсот	700
вісімсот	800
дев'ятьсот	900
тисяча	1,000
дві тисячі	2,000
три тисячі	3,000
чотири тисячі	4,000
п'ять тисяч	5,000
шість тисяч	6,000
сім тисяч	7,000
вісім тисяч	8,000
дев'ять тисяч	9,000
мильйон	1,000,000

AGREEMENT OF ADJECTIVES IN THE GENITIVE CASE

HARD-STEM ADJECTIVES

case	masculine	feminine	neuter	plural all genders
nominative	цікавий	цікава	цікаве	цікаві
genitive	*цікавого*	*цікавої*	*цікавого*	*цікавих*

SOFT-STEM ADJECTIVES

case	masculine	feminine	neuter	plural all genders
nominative	домашній	домашня	домашнє	домашні
genitive	*домашнього*	*домашнеї*	*домашнього*	*домашніх*

PLURALITY WITH NUMBERS AND NOUNS

In Ukrainian any noun followed by one or *any* number ending in one, except for eleven, eg. 21, 31, 101, etc., one agrees with gender and case. All Ukrainian cardinal numerals decline, but only one and two agree with gender[9]. The numerals two to four take the noun in the *nominative* plural. Five and up take the noun in the *genitive* plural.

For example,
Три *молоді дівчата* ходять до школи.
Three young girls are walking to school.

but

П'ять *молодих хлопців* ходять до цірку.
Five boys are walking to the circus.

DECLENSION OF ОДИН

case	masculine	feminine	neuter
nominative	один	одна	одне
genitive	*одного*	*одної*	*одного*

GENITIVE OF PERSONAL PRONOUNS

nominative	я	ти	він, воно	вона
genitive	*мене*	*тебе*	*його*	*її*

nominative	ми	ви	вони
genitive	нас	вас	їх

---

[9] In this lesson we will only decline the numeral one. The declensions of other numerals are complicated and will be covered after all seven cases are covered.

VERBS OF MOTION

ХОДИТИ AND ІТИ

Ходити and іти are verbs of motion on foot only. Ходити is to go habitually. Іти, on the other hand, is used when when going once in a specific time.[10]

CONJUGATION OF THE VERB ХОДИТИ

я	ходжу	ми	ходимо
ти	ходиш	ви	ходите
він, вона, воно	ходить	вони	ходять

ЇЗДИТИ AND ЇХАТИ

Їздити and їхати are verbs of motion by conveyance, meaning going while riding in some type of a vehicle, eg. a car, train, horse, bicycle, etc.[11] Їздити is the habitual form of to go by conveyance. Їхати, on the other hand, is the perfective form of to go by conveyance. Do not get ходити confused with їздити. Ходити is the habitual form of the verb to go *on foot*, whereas їздити is the habitual form of to go *by conveyance*. Likewise, іти means to go *on foot*, and їхати means to go *by conveyance*.

THE VERB ЇЗДИТИ

я	їжджу	ми	їздемо
ти	їздиш	ви	їздете
він, вона, воно	їздить	вони	їздять

---

[10] Later on habitual action will be known as imperfect, and the other type of verb in a specific time will be known as perfect. Perfect and imperfect verbs are somewhat tricky and will be covered in a later lesson.

[11] Do not use їздити or їхати when talking about traveling by plane. Instead, use the verb літати, to fly.

PREPOSITIONS THAT GOVERN THE GENITIVE CASE

до	till, toward
проти	against, opposed
з	from
у/в	by something
від	out of
без	without
ні	no, none
майже	in the neighborhood of, around, roughly
коло	near, next to
напроти	across
біля	near, next to

THE PREPOSITION У/В

When one uses **у/в** + the genitive case and *є* to convey possession of an object, it has the same meaning as the verb **мати**, but here the direct object is in the *nominative* instead of the accusative case.

Note that this preposition has euphonic properties *(see Prechapter)*. If the preceding noun ends in a consonant or if there is no preceding noun and the following noun begins with a consonant, it is *у*, but if the preceding noun ends in a vowel or the following noun begins with a vowel, it is *в*. Note that the genitive must always be used in this construction. The genitive of the third person pronouns changes. **Його** changes to **нього**. **Її** changes to **неї**. **Їх** changes to **них**.

У мене є книга is the same as *Я маю книгу*.

У нього є підручник is the same as *Він має підручник*.

У неї є словник is the same as *Вона має словник*.

DECLENSION OF UKRAINIAN CITIES

case	city	city	city
nominative	Київ	Львів	Харьків
genitive	*Києва*	*Львова*	*Харькова*

QUANTITY WORDS

багато	many
скільки	how many
декілька, кілька	a few, several

Quantity words always govern the genitive case, usually the genitive plural of most nouns.

DECLENSION OF ХТО AND ЩО.

nominative	хто	що
genitive	кого	чого

THE GENITIVE FORM OF THE POSSESSIVE PRONOUNS МІЙ AND ТВІЙ

case	masculine	feminine	neuter	plural, all genders
nominative	мій, твій	моя, твоя	моє, твоє	мої, твої
genitive	мого, твого	моєї, твоєї	мого, твого	моїх, твоїх

THE POSSESSIVES НАШ AND ВАШ

case	masculine	feminine	neuter	plural, all genders
nominative	наш, ваш	наша, ваша	наше, ваше	наші, ваші
genitive	нашого, вашого	нашої, вашої	нашого, вашого	наших, ваших

ДОМАШНЯ РОБОТА   HOMEWORK

I.Пишіть повні відповіді на питання про читання.
Write complete answers to the questions of the text.

1. Яке місто столиця України? 2. Скільки українців живуть в Америці та Канаді?[12] 3. Що є багато в південній і західній Україні? 4. Що знаходиться у Севастополі? 5. Якого краю Чорноморська флота? 6. Чи український уряд знаходиться у Києві? 7. Що південні міста України?

II. Перекладіть з англійської мови на українську.
Translate from English to Ukrainian

1. Kiev is the capital of Ukraine. 2. Ukraine was once a part of the USSR. 3. The Black Sea Fleet is in Sevastopol[знаходиться у Севастополі]. 4. The central region of Ukraine is the main region of Ukrainian agriculture. 5. Zaporizhia is the center of Ukrainian industry. 6. In the north and the west of Ukraine there are many forests. 7. In the south of Ukraine is the Black Sea coast. 8. Sevastopol is the home of the Ukrainian and Russian ships of the Black Sea Fleet.

III. Перекладіть з української мови на англійську.
Translate from Ukrainian to English.
1. Світ української культури не тільки в Україні. 2. Київ столиця України. 3. У Севастополі знаходиться Чорноморський флот. 4. У Галичині є багато лісів. 5. Два мільйони українців живуть в Америці й Канаді. 6. Українське сільське господарство знаходиться[13] у середині України. 7. Севастополь дуже важне місто України.

IV. Заповніть кінці слів.
Fill in the endings.

1. Два квитк___. 2. Київ столиця Україн__. 3. В якому місті знаходиться дім українськ__ уряд_. 4. У Галичині є багато ліс_.

---

[12] Америці is locative of Америка.   Канаді is locative of Канада.

[13] Is situated on.

ЛЕКЦІЯ ШОСТА   SIXTH LESSON

This lesson deals with the *dative* case. The underlined endings in this chapter indicate the *dative* case of the nouns and adjectives.

ДІАЛОГ	DIALOGUE
АМЕРИКАНСЬКІ УКРАЇНЦІ	**UKRAINIAN AMERICANS**

ГАЛИНА: Чи ти знаєш, що завтра Іван<u>ові</u> буде двадцять років?

HALYNA: Do you know that tomorrow John will be 20 years old?

НАТАША: Ні, А що ти будеш <u>йому</u> подарувати?

NATASHA: No, what are you going to give him?

Г: Я ще не знаю. Що <u>йому</u> більше подобається?

H: I don't know. What does he like?

Н: <u>Йому</u> треба нове авто.

N: He needs a new car.

Г: Я не можу Іван<u>ові</u> цього купити. Це буде <u>мені</u> коштувати дуже великі гроші.*

H: I can't buy John that. It would be too expensive for me.

Н: Так, це правда. Мабуть що ми можемо <u>йому</u> робити обід. Галино,[1] а я <u>тобі</u> також що-bought you небудь купила.

N: Yes, that's true. Maybe we can make him dinner. Oh, H a l y n a, I a l s o something.

Г: Дякую, а що це?

H: Thank you, what is it?

Н: Я що-небудь зробила тво<u>їй</u> кни<u>зі</u>.

N: I did something for your book.

Г: Дуже дякую!

H: Thank you very much!

Н: Ну, що ми будемо робити наш<u>ому</u> добр<u>ому</u> Іван<u>ові</u>?

N: Well, what are we going to do for our good friend John?

Г: Поїдемо до Чікаґо, <u>йому</u> подобається крамниця „Дельта Імпорт."

H: Let's go to Chicago. He likes the store "Delta Import."

Н: Добре. А після цього можемо

N: Good. Perhaps after that, we

---

[1] Галино is the vocative form of Галина. The vocative case will be covered in lessons ten and eleven.

пообідати на польському[2] ресторані „Орбит."	can dine at the Polish restaurant "Orbit."
Г: Добре. Ну, мені треба повернутися додому. До побачення.	H: Good. Well, I have to return home. Good bye.
Н: Добре, завтра о восьмій годині ранку. поїдемо до Чікаґо. До побачення.	N: Well, we'll go to Chicago at 8:00 am tomorrow. Good bye.

СЛОВНИК	VOCABULARY
завтра	tomorrow
Чікаґо *(n)* *(Not declined)*	Chicago
село *(n)*	village
ресторан (m)	restaurant
подобатися *(I)* *(+dat)**	to be pleasing to
крамниця *(f)*	store, shop
авто *(n)*	car, automobile
ну	well
мабуть	maybe
хіба	perhaps
обід *(m)*	dinner
пообідати *(I)*	to have dinner
зробити *(II)*	to do, make *(perfective)*
купити *(II)*	to buy *(perfective)*
купувати *(I)*	to buy *(imperfective)*
хліб *(m)*	bread
борщ *(m)*	borsch, Ukrainian beet soup
гроші *(pl)*	money
великий	big, large, great
гарний	beautiful
річ *(i/e)* *(f)*	thing, object
вишивка *(f)*	embroidery
касета *(f)*	cassette
яйце *(n)*	egg
писанка *(f)*	pysanka, a Ukrainian Easter egg
малювати *(I)*	to draw, to paint

---

[2] The underlined ending here is *locative*, not dative. The endings for the dative and locative in adjectives are the same. The locative case will be covered in lesson nine.

рік(і/о) *(m)*   year

Ідіоми   Idioms

*<u>Мені</u> коштує дуже великі гроші. It is very expensive for me. Literally meaning: *It is expensive to me.*

*Що <u>йому</u> подобається? What does he like? Literally meaning: *What is pleasing to him?*

ЧИТАННЯ   READING
УКРАЇНСЬКЕ СЕЛО У ЧІКАҐО

У Чікаґо живуть багато українських еміґрантів. Вони живуть між вулицями[1] Chicago, Oakley і Western. Там є що називається[2] „Українське село." В Українсь<u>кому</u> селі є багато різних українських магазинів і б'юро[3]. <u>Мені</u> дуже подобається крамниця „Дельта імпорт." Там можна купити багато українських речей. І коли ви з ними поговорите по-українському, це <u>їм</u> дуже подобається. Там вони <u>вам</u> продають[4] різні українські народні речі. Мо<u>їй</u> родин<u>і</u> дуже подобається туди їздити, особливо на Різдво та Великдень. <u>Мені</u> дуже подобаються українські народні пісні й музика грана на бандурі. Я завжди купую касети у Дельта імпорт. Але це не тільки що вони продають. Там також продають писанки, українські вишивки, і книги навчання роблення писанок та українського вишивання по-українському й по-англійському.

Українське село, Чікаґо

---

[1] Вулицями is the instrumental plural of вулиця. The instrumental case will be covered in lesson eight.

[2] is called

[3] *here:* business

[4] they sell

Українська крамниця „Дельта імпорт," Чікаґо.

ГРАМАТИКА   GRAMMAR

THE DATIVE CASE

The *dative* case is the third of the Ukrainian cases. In the dialogue and in the reading some locative adjectives were underlined because dative and locative adjective endings are identical. Note that this lesson covers only the *dative*, not the locative case. The locative case will be covered in lesson nine. The dative case usually indicates the indirect object. For example, in the sentence I give *John* the book. In Ukrainian, *John* would be in the dative case and in Ukrainian would be translated "Я даю *Іванові* книгу."

When expressing certain conditions, such as *I need, I'm cold, I'm hot*, etc., the dative case is also necessary. In Ukrainian it would translate as "*Мені* треба, *мені* холодно, *мені* жарко." And also certain prepositions govern the dative case; therefore nouns governed by those prepositions require the dative case.

FIRST-DECLENSION NOUNS IN THE DATIVE CASE

case	masculine	feminine	neuter
nominative	рік	книга	село
genitive	року	книги	села
dative	*році*	*книзі*	*селу*

Note that in the dative and the locative cases the letters г and ґ change to з and к changes to ц.

SECOND-DECLENSION NOUNS IN THE DATIVE CASE

case	masculine	feminine	neuter
nominative	день	крамниця історія[7]	море
genitive	дня	крамниці історії	моря
dative	*дні*	*крамниці* *історії*	*морю*

THIRD-DECLENSION NOUNS IN THE DATIVE CASE

case	masculine	feminine	neuter
nominative	батько	радість	читання
genitive	батька	радості	читання
dative	*батькові*	*радості*	*читанню*

Animate masculine nouns take the ending *-ові* to form the dative case in the first and third declensions. However, animate masculine nouns in the second declension take the ending *-еві* to form the dative case.

---

[7] history

FIRST-DECLENSION OF NOUNS IN THE DATIVE PLURAL

case	masculine	feminine	neuter
nominative	роки	книги	села
genitive	років	книг	сіл
dative	рокам	книгам	селам

SECOND-DECLENSION OF NOUNS IN THE DATIVE PLURAL

case	masculine	feminine	neuter
nominative	дні	крамниці історії	моря
genitive	днів	крамниць історій	мор
dative	дням	крамницям історіям	морям

THIRD-DECLENSION NOUNS IN THE DATIVE PLURAL

case	masculine	feminine	neuter
nominative	батьки	радості	читання
genitive	батьків	радостей	читань
dative	батькам	радостям	читанням

HARD-STEM ADJECTIVE AGREEMENT WITH THE DATIVE CASE

case	masculine	feminine	neuter	plural, all genders
nominative	добрий	добра	добре	добрі
genitive	доброго	доброї	доброго	добрих
dative	доброму	добрій	доброму	добрим

SOFT-STEM ADJECTIVE AGREEMENT WITH THE DATIVE CASE

case	masculine	feminine	neuter	plural, all genders
nominative	домашній	домашня	домашнє	домашні
genitive	домашнього	домашньеї	домашнього	домашніх
dative	домашньому	домашній	домашньому	домашнім

THE POSSESSIVE PRONOUNS **МІЙ** AND **ТВІЙ** AGREEMENT WITH THE DATIVE CASE

case	masculine	feminine	neuter	plural, all genders
nominative	мій, твій	моя, твоя	моє, твоє	мої, твої
genitive	мого, твого	моєї, твоєї	мого, твого	моїх, твоїх
dative	моєму, твоєму	моїй, твоїй	моєму, твоєму	моїм, твоїм

THE POSSESSIVE PRONOUNS **НАШ** AND **ВАШ** AGREEMENT WITH THE DATIVE CASE

case	masculine	feminine	neuter	plural, all genders
nominative	наш, ваш	наша, ваша	наше, ваше	наші, ваші
genitive	нашого, вашого	нашої, вашої	нашого, вашого	наших, ваших
dative	нашому, вашому	нашій, вашій	нашому, вашому	нашим, вашим

DECLENSION OF PERSONAL PRONOUNS IN THE SINGULAR

nominative	я	ти	він, воно	вона
genitive	мене	тебе	його	її
dative	*мені*	*тобі*	*йому*	*їй*

DECLENSION OF PERSONAL PRONOUNS IN THE PLURAL

nominative	ми	ви	вони
genitive	нас	вас	їх
dative	*нам*	*вам*	*їм*

AGREEMENT OF ЦЕЙ WITH THE DATIVE CASE

case	masculine	feminine	neuter	plural, all genders
nominative	цей	ця	це	ці
genitive	цього	цієї	цього	цих
dative	*цьому*	*цій*	*цьому*	*цим*

DECLENSION OF ХТО AND ЩО

nominative	хто	що
genitive	кого	чого
dative	*кому*	*чому*

PERFECTIVE AND IMPERFECTIVE VERBS

In Ukrainian there are two types of verbs, *imperfective* and *perfective*. Up to this lesson all the verbs that you have studied were *imperfective*, that is, they can be used to show habit or something done on a regular basis, whereas *perfective* verbs indicate that the action is only done once. Perfective verbs can only be in the past or future tenses, **never** in the present tense. The reason is that a perfective either *will* be done or was done *once*. Since perfective verbs have only a future and a past tense, one cannot form the future compound using the verb *бути*.

Examples:

Imperfective: Іван кожного дня *ходить* до школи. This means "John *goes* to school *every day.*"

    See why the *imperfective* is used in this example. Note that the words *кожний день* indicate a habitual action. In any sentence where there are words that indicate habit or something done on a regular basis the verb **must** be imperfective.

Perfective: *Вчора* Іван *пішов* до школи. This means "John *went* to school yesterday."

    Note that the word *вчора* indicates that the action was done only *once*. When a sentence has a word that implies that the action was done or will be done only *once*, the verb **must** be perfective.

    Many perfective verbs are formed by prefixes added to the original imperfective verb. Each one of these prefixes has a different meaning as the chart below indicates.

prefix	imperfective	perfective + prefix
за- to begin	плакати- to cry	заплакати- to begin crying
на- to finish	писати- to write	написати- to finish writing
по- for a while	говорити- to talk	поговорити- to talk for a while

THE VERBS **ПОДОБАТИСЯ** (to be pleasing to) AND **ЦІКАВУВАТИСЯ** (to be interested)
Both of these verbs require tthe use of the dative case.

For example:

Мені подобається Українське село у Чікаго. "I am very fond of the Ukrainian village in Chicago" literally translates to "Ukrainian Village in Chicago is pleasing *to me.*

Україна *йому* цікавується. "He is interested in the Ukraine" literally translates to "The Ukraine is interesting *to him.*"

IDIOMATIC EXPRESSIONS THAT REQUIRE THE DATIVE CASE

In the Ukrainian language there are several idiomatic expressions that use the *dative* case. When you are talking about age, the noun that is referred to of being that number of years **must** be in the *dative* case. To indicate the future tense, one uses the third person of the verb буmи. To create the past tense, one uses the past tense neuter of the verb буmи, було.

For example: **Йому двадцять п'ять років.** He *is* 25 years old. This indicates the *present* tense.

Йому було двадцять один рік. He *was* 21 years old. This indicates the *past* tense.

Їй буде десять років. She *will* be ten years old. This indicates the *future* tense.

Other idiomatic expressions are used with the dative case to indicate being cold, hot, warm, etc. Also expressions of necessity use the dative case.

Examples: *Мені* треба... "I need..." literally translates to: ...is necessary *to me.*

Тобі холодно. "You're cold" literally translates to: It is cold *to you.*
Йому жарко. "He's hot" literally translates to: It is hot *to him.*
Їй тепло. "She's warm" literally translates to: It is warm *to her.*

Future and past tenses for these expressions are created the same way as age. Be very careful to use the *dative* case to express being warm or cold. If the nominative is used, it means a very different thing and may be offensive to some people.

PREPOSITIONS THAT USE THE DATIVE CASE

In Ukrainian there are some prepositions that use the *dative* case. Therefore nouns governed by these prepositions **must** be in the dative.

по	according to
к *(rarely used)*	to, toward
о	at

ХІБА AND МАБУТЬ

Хіба means perhaps and мабуть means maybe. However, хіба can be used to emphasize.

-НЕБУДЬ AND -СЬ

-небудь is added to хто, що, or куди to emphasize the expression anyone, anything, or anywhere. One uses the term -небудь to emphasize total abstraction. -сь is also added to хто, що, or куди but emphasizes someone, something, or somewhere in particular. However, one uses the term -сь to emphasize abstraction also but to indicate a presence of someone, something, or somewhere in particular.

Examples:

Чи ти хочеш іти куди-небудь? Do you want to go somewhere? Notice here there is total abstraction indicating "Do you want to go somewhere?" meaning *anywhere.*

Це знаходиться десь у Чікаґо. It is *somewhere* in Chicago. Note that here *somewhere* is also abstract but means *somewhere in particular.*

Чи хто-небудь може мене допомігати? Can *someone* help me? Someone here emphasizes total abstraction, someone as in *anyone.*

Це хтось зробив для мене. *Someone* did this for me, meaning *"Someone in particular,"* but it is not known who.

VERBS OF THE THIRD CONJUGATION

Verbs of the third conjugation (III) are usually perfective verbs. Their imperfective counterparts can be verbs of either the first or second conjugation.

THE VERB ПОВЕРНУТИСЯ (to return)

я	повернуся	ми	повернемося
ти	повернешся	ви	повернетеся
він, вона, воно	повернеться	вони	повернуться

Third conjugation verbs will be conjugated in the chapter where they are introduced. The past tense of third conjugation verbs is the same as the past tense of verbs of the conjugations (I) and (II).

ДОМАШНЯ РОБОТА   HOMEWORK

I. Пишіть повні відповіді на питання про читання.
Write complete answers to the questions of the text.

1. Де знаходиться Українське село? 2. Чи Чікаґо велике місто?
3. Яка крамниця „Дельта імпорт?" 4. Що вони продають у Дельта імпорт? 5. Що їм подобається у Дельта імпорт? 6. Які б'юро знаходяться в Українському селі?

II. Перекладіть з англійської мови на українську.
Translate from English to Ukrainian.

1. Delta Import is a Ukrainian store in Chicago. 2. There are many Ukrainians in Chicago. 3. Delta Import sells a lot of [багато + genitive plural] Ukrainian things. 4. One can [Можна] buy Ukrainian folk music there. 5. They like it very much if you speak to them in Ukrainian. 6. I like Delta Import very much. 7. Chicago is a very big city.

III. Перекладіть з української мови на англійську.
Translate from Ukrainian to English.

1. Українське село знаходиться у Чікаґо. 2. Польський ресторан „Орбит" знаходиться недалеко від Українського села. 3. Мені подобається українська крамниця „Дельта імпорт." 4. „Дельта імпорт" продає багато українських речей. 5. У Чікаґо є багато українських емігрантів. 6. Чи тобі подобається місто Чікаґо?

IV. Decline the following nouns into the cases learned thus far in both singular and plural.
1. Нова крамниця. 2. Хлопець 3. Дівчина 4. Місто 5. День
6. Читання 7. Росія 8. В'язниця

V. Пишіть малий склад про ваше любиме місце по-українському.
Write a short paragraph about your favorite place in Ukrainian.

ЛЕКЦІЯ СЬОМА   SEVENTH LESSON

The underlined endings in this chapter are endings of the *accusative* case.

ДІАЛОГ	DIALOGUE

А: Добрий день! Куди ти йдеш?

Б: О, добрий день, як ся маєш?

А: Добре, але куди ти йдеш?

Б: Я йду до українського консульства. Мені треба отримати мою візу.

А: Чи ти їдеш в Україну?

Б: Так, я їду туди на Різдво.

А: Добре, куди ти поїдеш в Україні?[1]

Б: Перш іду до Києва, і там на тридцять першого грудня я буду зустрічати Новий рік_* з моєю бабусею.[2] Після цього, на сьомого січня, іду в Полтаву, де ми з родиною празднуємо Різдво.

А: Празднуєш Різдво на сьомого січня? Чому не на двадцять п'ятого грудня?

Б: Тому що я православний, і на нашому календарі[3] Різдво на сьомого січня.

А: Зрозумію.* Ну добре, Веселих

A: Hi! Where are you going?

B: Oh hi, how are you doing?

A: Fine, but where are you going?

B: I'm going to the Ukrainian consulate. I need to get my visa.

A: Are you going to Ukraine?

B: Yes, I'm going there for Christmas.

A: Good, where are you going in Ukraine?

B: First I'm going to Kiev to celebrate New Year's with my grandmother on the first of January. Afterwards, on the seventh of January, I will go to Poltava to celebrate Christmas with my family.

A: You celebrate Christmas on the seventh of January? Why not on the 25th of December?

B: I'm Orthodox, and on our calendar Christmas is on the seventh of January.

A: I see. Well, Merry Christmas and

---

[1] Україні is the locative case of Україна. The locative case will be covered in lesson nine.

[2] Моєю is the instrumental of моя. бабусею is the instrumental of бабуся. The instrumental case will be covered in the next lesson.

[3] Календарі is the locative of календар.

Свят та Щасливого нового року.* До побачення.	a Happy New Year. Good bye.
Б: Тобі також, до побачення.	B: You too, good bye.

СЛОВНИК VOCABULARY

консульство *(n)*		consulate
православний		Orthodox
Різдво *(n)*		Christmas
січень *(m)*		January
грудень *(m)*		December
отримати *(I)*		to receive
чистий	*here*:	immaculate
діва *(f)*		virgin
радість *(f)*		joy, happiness
рождатися *(I)*		to be born
народитися *(II) perfective*		to be born
зустрічати *(I)*		to meet
Свята *(n, pl)*		C h r i s t m a s celebrations
щасливий		prosperous
Святий вечір *(m)*		Christmas Eve
Щедрий вечір *(m)*		Epiphany dinner
Дідух *(m)*		D i d u k h , Ukrainian straw C h r i s t m a s decoration
коляда *(f)*		Christmas carol
щедрівка *(f)*		New Year's wish
колач *(m)*		Kolach, Ukrainian Christmas bread
книш *(m)*		Knysh, Ukrainian onion bread
Київ *(m)*		Kiev
Полтава *(f)*		Poltava
Вефлеєм *(m)*		Bethlehem
Єрусалим *(m)*		Jerusalem
зірка *(f)*		star
бідний		poor
Небо *(n)*	*here*:	Heaven
земля *(f)*		Earth
небесний		heavenly

Марія *(f)*	Mary
Йосиф *(m)*	Joseph
мороз *(m)*	frost
сніг *(m)*	snow
славіти *(II)*	to give glory
Бог *(m)*	God
дитина *(f)* діти *(pl)*	child
Христос *(m)*	Jesus Christ
предиво *(n)*	miracle
новина *(f)*	news, tidings
предвічний	eternal
дивний	wondrous
здоров'я *(f)*	health
ангел *(m)*	angel
ялинка *(f)*	Christmas tree
трава *(f)* *here*:	straw
смачний	tasty
Спаситель *(m)*	Savior

Ідіоми   Idioms

*Зустрічати Новий рік. To celebrate New Year's Eve, literally; *To meet the New Year.*

*Веселих Свят та Щасливого нового року. Merry Christmas and a happy New Year, literally; *A cheerful Christmas celebration and a prosperous New Year.*

ЧИТАННЯ   READING
УКРАЇНСЬКЕ РІЗДВО

Це дуже дивно, як багато країн святують це гарне предиво, коли Пречиста діва Марія во Вефлеємі народила сина. В Україні вони також святують Різдво. Є різні дати коли святують Різдво. На заході України вони святують Різдво на дату двадцять п'ятого грудня, але на сході святують Різдво на дату сьомого січня. Це дуже веселий час року. Особливо[4] на Святий вечір. Перед Різдва святують день_ коли Діва Марія знала, що вона родить нашого Спасителя. Якщо ви католик[5], ви

---

[4] especially

[5] Catholic

святуєте ц<u>ей</u> день<u>__</u> на восьмого грудня, але якщо ви православний, ви святуєте ц<u>ей</u> день<u>__</u> на двадцять другого грудня. Перш, це день Святого Миколи. Цей день дуже веселий для дітей бо для вас. У час Різдвяних свят є дуже важний обід.[6] Перш є типові українські народні декорації, ялинка, дідух, трава на вікнах[7], та більше. На столі є багато смачних блюдей. Перш є борщ, а потім є багато хліба. Типовий український різдвяний хліб колач, але є також книш, та більше. На Святий вечір люди ходять по вулицям і співають коляди та щедрівки.

КУЛЬТУРНЕ ЗБАГАЧУВАННЯ   CULTURAL ENRICHMENT
УКРАЇНСЬКІ КОЛЯДИ

НА НЕБІ ЗІРКА

На небі зірка ясна засіяла
І любим світлом сіяє
Хвиля спасення нам завітала
Бог в Вефлеємі раждає
Щоб землю з небом в одно злучити[8]
Христос родився, славіте!
Христос родився, славіте!

У біднім[9] вертепі, в яслах на сіні
Спочив Владика, Цар світа[10]
Отож до Нього[11] спішім всі нині
Нашого жде Він привіта

---

[6] dinner

[7] Вікнах is the locative plural of вікно.

[8] To unite Heaven and Earth.

[9] біднім is old Ukrainian for бідному.

[10] King of the World

[11] Old Ukrainian for нього

Спішім любовю Єго[12] огріти
Христос родився, славіте!
Христос родився, славіте!

НЕБО І ЗЕМЛЯ

Небо і земля, небо і земля
Нині торжествують
Ангели, люди, ангели, люди
Весело празднують
-2- Христос родився
     Бог воплотився
     Ангели співають
     Царі вітають
     Поклін віддають
     Пастирі грають
-2- Чудо, чудо, повідають

Во Вефлеємі, во Вефлеємі
Весела новина
Чистая[13] Діва, Чистая Діва
Породила[14] Сина
-2- Христос родився
     Бог воплотився
     Ангели співають
     Царі вітають
     Поклін віддають
     Пастирі грають
-2- Чудо, чудо, повідають

    Note that the Ukrainian in these Christmas carols is old Ukrainian and is not used in ordinary conversation. These Christmas carols were added as a supplement to learn Ukrainian culture.

---

[12] Old Ukrainian for його.

[13] Чистая is old Ukrainian for чиста.

[14] gave birth.

УКРАЇНСЬКІ ЩЕДРІВКИ

ЩЕДРИК

Щедрик, щедрик, щедрівочка
Прилетіла ластівочка
Стала собі щебетати[15]
Господаря викликати
Вийди, вийди, господарю
Подивися на кошару
Там овечки покотились
А ягнучки народились
-2- В тебе товар весь хороший
-2- Будеш мати мірку[16] грошей
В - тебе жінка чор - ноброва
Хоч не грошей, то полова
В тебе жінка чорноброва
Щедрик, щедрик, щедрівочка
Прилетіла ластівочка
Стала собі щебетати
Господаря викликати
Вийди, вийди, господарю
Подивися на кошару
Там овечки покотились
А ягнички народились
-2- В тебе товар весь хороший
-2- Будеш мати мірку грошей
В - тебе жінка чор - ноброва
Хоч не грошей то полова
В тебе жінка чорноброва
Щедрик, щедрик, щедрівочка
Прилетіла ла - сті - вочка

These are the original Ukrainian words to the well-known Christmas carol "Hark, Hear the Bells." This song was introduced to America in the 1930s by the Ukrainian immigrants who came to the United States and Canada to avoid Stalin's purges in which over 20,000,000 Ukrainians were killed from 1935 to 1939. All these songs in this supplement are probably thousands of

---

[15] Began to sing.

[16] much, many

years old.

ОЙ В ЄРУСАЛИМІ

Бом, бом, бом, бом, бом, бом, бом
Дильдінґ, дильдінґ, дильдінґ, дильдінґ
Діль, діль, діль, діль, діль, діль
Дінґдонґ, дінґдонґ, дінґдонґ, дінґдонґ
Ой в Єрусалимі, Діва Марія
Щедрий вечір, добрий вечір
Добрим людям, на здоров'я

Бом, бом, бом, бом, бом, бом, бом
Дильдінґ, дильдінґ, дильдінґ, дильдінґ
Діль, діль, діль, діль, діль, діль
Дінґдонґ, дінґдонґ, дінґдонґ, дінґдонґ
Ой Діва Марія, на козаду ходила[17]
Щедрий вечір, добрий вечір
Добрим людям, на здоров'я

Дінґ, дінґ, дінґ, дінґ, дінґ, дінґ
Дильдінґ, дильдінґ, дильдінґ, дильдінґ
Діль, діль, діль, діль, діль, діль
Дінґдонґ, дінґдонґ, дінґдонґ, дінґдонґ
На козаду ходила, Сина породила
Щедрий вечір, добрий вечір
Добрим людям, на здоров'я

Дінґ, дінґ, дінґ, дінґ, дінґ, дінґ
Дильдінґ, дильдінґ, дильдінґ, дильдінґ
Діль, діль, діль, діль, діль, діль
Дінґдонґ, дінґдонґ, дінґдонґ, дінґдонґ
Сина породила, на руках носила
Щедрий вечір, добрий вечір
Добрим людям, на здоров'я

This is the end of the cultural enrichment of this lesson. These enrichments will be incorporated in various lessons for the purpose of learning the Ukrainian culture. When one learns a language, not only is the grammar important, but also the culture of the language.

---

[17] rode on a donkey

ВЕСЕЛИХ СВЯТ ТА ЩАСЛИВОГО НОВОГО РОКУ!

ХРИСТОС РОЖДАЄТЬСЯ

СЛАВІТЕ

ЙОГО

Типовий український Дідух

МІСЯЦІ РОКУ	MONTHS OF THE YEAR
січень	January
лютий	February
березень	March
квітень	April
травень	May
червень	June
липень	July
серпень	August
вересень	September
жовтень	October
листопад	November
грудень	December

ДНІ ТИЖНЯ	DAYS OF THE WEEK
неділя	Sunday
понеділок	Monday
вовторок	Tuesday
середа	Wednesday
четвер	Thursday
п'ятниця	Friday
субота	Saturday

ГРАМАТИКА	GRAMMAR

THE ACCUSATIVE CASE

The *accusative* case is the fourth case in the Ukrainian grammatical structure. The accusative case is used to indicate the direct object. If one looks at the sentence
"John gives Mary the *book*," what is the direct object in this sentence? It is *book* of course. In Ukrainian *book* would be in the **accusative** case. In Ukrainian this sentence would be written like this: Іван дае Марії *книгу*.

The way to form the accusative case is rather simple if one follows these simple rules. Animate masculine, neuter, and plural nouns in the accusative take the same ending as the *genitive* case. Inanimate masculine, neuter, and plural nouns take the same ending as the *nominative* case. Hard-stem feminine nouns drop the ending -a and take the ending -y. Soft-stem feminine nouns of the second declension drop the ending -я and take the ending

-ю. Animate soft-stem feminine nouns of the third declension take the same ending as the *genitive*. Inanimate soft-stem feminine nouns of the third declension take the same ending as the *nominative* case.

ACCUSATIVE SINGULAR OF FIRST-DECLENSION NOUNS

case	masculine	feminine	neuter
nominative	обід	ялинка	місто
genitive	обіду	ялинки	міста
dative	обідові	ялинці	місту
accusative	*обід*	*ялинку*	*місто*

Note that in this table the masculine and neuter nouns are *inanimate*. Therefore in the accusative they take the same ending as the *nominative* case.

ACCUSATIVE SINGULAR OF SECOND-DECLENSION NOUNS

case	masculine	feminine	neuter
nominative	українець	книгарня[18]	море[19]
genitive	українця	книгарні	моря
dative	українцеві	книгарні	морю
accusative	*українця*	*книгарню*	*море*

Note that **українець** is a *masculine animate* noun. Therefore in the accusative it takes the same ending as the *genitive* case. Also note that **море** is a *neuter inanimate* noun. Therefore the accusative takes the same ending as the *nominative*.

---

[18] bookstore

[19] sea

ACCUSATIVE SINGULAR OF THIRD-DECLENSION NOUNS

case	masculine	feminine	neuter
nominative	батько	радість	читання
genitive	батька	радості	читання
dative	батькові	радості	читанню
accusative	*батька*	*радість*	*читання*

ACCUSATIVE PLURAL OF FIRST-DECLENSION NOUNS

case	masculine	feminine	neuter
nominative	обіди	ялинки	міста
genitive	обідів	ялинок	міст
dative	обідам	ялинкам	містам
accusative	*обіди*	*ялинки*	*міста*

ACCUSATIVE PLURAL OF SECOND-DECLENSION NOUNS

case	masculine	feminine	neuter
nominative	українці	книгарні	моря
genitive	українців	книгарень	мор
dative	українцям	книгарням	морям
accusative	*українців*	*книгарні*	*моря*

ACCUSATIVE PLURAL OF THIRD-DECLENSION NOUNS

case	masculine	feminine	neuter
nominative	батьки	радості	читання
genitive	батьків	радостей	читань
dative	батькам	радостям	читанням
accusative	*батьків*	*радості*	*читання*

ADJECTIVES

When adjectives are declined in the masculine, neuter, or plural accusative, the endings must agree with the endings for animate and inanimate nouns.

HARD-STEM ADJECTIVES IN THE ACCUSATIVE CASE

case	masculine	feminine	neuter	plural, all genders
nominative	новий	нова	нове	нові
genitive	нового	нової	нового	нових
dative	новому	новій	новому	новим
accusative	*новий* *нового*	*нову*	*нове* *нового*	*нові* *нових*

SOFT-STEM ADJECTIVES IN THE ACCUSATIVE CASE

case	masculine	feminine	neuter	plural, all genders
nominative	домашній	домашня	домашнє	домашні
genitive	домашнь-ого	домашнеї	домашнь-ого	домашніх
dative	домашнь-ому	домашній	домашнь-ому	домашнім
accusative	*домашній* *домашнь-ого*	*домашню*	*домашнє* *домашнь-ого*	*домашні* *домашніх*

DECLENSIONS OF PERSONAL PRONOUNS IN THE SINGULAR IN THE ACCUSATIVE

nominative	я	ти	він, воно	вона
genitive	мене	тебе	його	її
dative	мені	тобі	йому	їй
accusative	мене	тебе	його	її

DECLENSIONS OF PERSONAL PRONOUNS IN THE ACCUSATIVE CASE

nominative	ми	ви	вони
genitive	нас	вас	їх
dative	нам	вам	їм
accusative	нас	вас	їх

POSSESSIVES МІЙ AND ТВІЙ IN THE ACCUSATIVE CASE

case	masculine	feminine	neuter	plural, all genders
nominative	мій, твій	моя, твоя	моє, твоє	мої, твої
genitive	мого, твого	моєї, твоєї	мого, твого	моїх, твоїх
dative	моєму, твоєму	моїй, твоїй	моєму, твоєму	моїм, твоїм
accusative	*мій, твій мого, твого*	*мою, твою*	*моє, твоє мого, твого*	*мої, твої моїх, твоїх*

THE POSSESSIVES **НАШ** AND **ВАШ** IN THE ACCUSATIVE CASE

case	masculine	feminine	neuter	plural, all genders
nominative	наш, ваш	наша, ваша	наше, ваше	наші, ваші
genitive	нашого, вашого	нашої, вашої	нашого, вашого	наших, ваших
dative	нашому, вашому	нашій, вашій	нашому, вашому	нашим, вашим
accusative	наш, ваш нашого, вашого	нашу, вашу	наше, ваше вашого, вашого	наші, ваші наших, ваших

PREPOPSITIONS THAT GOVERN THE ACCUSATIVE CASE

про	about
за	for
через	through
на	onto
в(у)	into
над	over *(direction)*
під	under *(direction)*

ORDINAL NUMERALS

Ordinal numerals are different from cardinal numerals. Cardinal numerals were covered in lesson five. One, two, three, four, etc. are examples of *cardinal* numerals. First, second, third, fourth, etc. are *ordinal* numerals. In Ukrainian ordinal numerals are formed by adding a hard-stem ending to most of the numerals.

UKRAINIAN ORDINAL NUMERALS ONE TO ONE HUNDRED

перший	first
другий	second
третій	third
четвертий	fourth
п'ятий	fifth

шостий	sixth
сьомий	seventh
восьмий	eighth
дев'ятий	ninth
десятий	tenth
одинадцятий	eleventh
дванадцятий	twelth
тринадцятий	thirteenth
чотирнадцятий	fourteenth
п'ятнадцятий	fifteenth
шістнадцятий	sixteenth
сімнадцятий	seventeenth
вісімнадцятий	eighteenth
дев'ятнадцятий	nineteenth
двадцятий	twentieth
двадцять перший	twenty-first
двадцять другий	twenty-second
тридцятий	thirtieth
сороковий	fortieth
п'ятдесятий	fiftieth
шістдесятий	sixtieth
сімдесятий	seventieth
вісімдесятий	eightieth
дев'яностий	ninetieth
сотий	hundredth

Note that третій is the only ordinal numeral in the Ukrainian language that takes a soft stem ending.

CONSTRUCTING COMPOUND ORDINAL NUMERALS

Constructing compound ordinal numerals in Ukrainian is fairly simple. First, take a cardinal numeral twenty or above, and then the second number is the ordinal numeral.

Examples:

двадцять перший	twenty-first
шістдесят сьомий	sixty-seventh
сорок другий	forty-second

DATES OF DAY, MONTH, AND YEAR

In Ukrainian, when a date is expressed, the day of the week is in the nominative case; however, the month and year are always in the *genitive* case.

Examples:

Субота, двадцять шостого грудня тисяча дев'ятсот вісімдесят першого року.
Saturday, the 26th of December, 1981.

Неділя, третього червня тисяча дев'ятсот дев'яностого року.
Sunday, the third of June, 1990.

Вівторок, тринадцятого жовтня тисяча дев'ятсот дев'яносто другого року.
Tuesday, the 13th of October, 1992.

Понеділок, другого лютого тисяча дев'ятсот вісімдесят першого року.
Monday, the second of February, 1981.

Неділя першого квітня двохтисячого року.
Sunday, the 1st of April, 2000.

ON A DAY OF THE WEEK

To express "on a day of the week," the preposition *на* is taken, and the day is in the accusative case. Days are inanimate nouns. Therefore the masculine days take the nominative ending.

Examples:

На *понеділок*.	On Monday.
На *вівторок*.	On Tuesday.
На *середу*.	On Wednesday.
На *четвер*.	On Thursday.
На *п'ятницю*.	On Friday.
На *суботу*.	On Saturday.
На *неділю*.	On Sunday.

DURING A MONTH ON NO PARTICULAR DATE

To express during a month, the month must be in the *locative* case. The locative case will be covered in lesson nine.

CAPITALIZATION OF DAYS AND MONTHS

Generally in Ukrainian the days of the week and the months of the year are not capitalized as they are in English.

ДОМАШНЯ РОБОТА   HOMEWORK

I. Пишіть повні відповіді на питання читання.
Write complete answers to the questions of the text.

1. Хто святує Різдво на сьомого січня? 2. Що роблять українці на своїх вікнах? 3. Де знаходиться ялинка? 4. Де в Україні[20] святують Різдво на двадцять п'ятого грудня? 5. Чому для українських родин Святий вечір дуже велике свято? 6. Які пісні співають українці на Різдво?

II. Перекладіть з англійської мови на українську.
Translate from English to Ukrainian.

1. My Christmas tree is very big. 2. In Eastern Ukraine they celebrate Christmas on the seventh of January. 3. We are celebrating New Year's Eve. 4. In Western Ukraine they celebrate Christmas on the 25th of December. 5. The Virgin Mary gave birth to a son. 6. It is a wondrous miracle how so many lands celebrate Christmas.

---

[20] **Україні** is the locative case **Україна**.

III. Перекладіть з української мови на англійську.
Translate from Ukrainian to English.

1. Моя ялинка дуже гарна. 2. На Різдво ми співаємо коляди і щедрівки. 3. На Різдво багато українських родин мають дідух у своєму домі. 4. У Вефлеємі Пречиста Діва Марія сина народила. 5. Я йду до українського консульства у Чікаґо. 6. Мені треба дістати мою українську візу.

IV. Пишіть ці дати по-українському.
Write these dates in Ukrainian.

1. Friday, the 28th of June, 1992. 2. Thursday, the third of February, 1977. 3. Saturday, the 23rd of July, 1988. 4. Tuesday, the tenth of March, 1981. 5. Thursday, the 15th of September. 6. Saturday, the 20th of October, 1990. 7. Thursday, the seventh of November, 1977. 8. Tuesday, May third, 1988. 9. Monday, August tenth, 1981. 10. January 7, 1990. 11. April 8, 1863. 12. December 25, 1952.

V. Пишіть ці дати по-англійському.
Write the dates in English.

1. П'ятниця двадцять п'ятого грудня, тисяча дев'ятсот дев'яносто другого року. 2. Вовторок першого березня, тисяча дев'ятсот вісімдесять восьмого року. 3. Субота тридцять першого жовтня, тисяча дев'ятсот вісімдесять першого року. 4. Вересень, тисяча сімсот другого року.

VI. Пишіть по-українському малий склад як ваша родина святує Різдво.
Write in Ukrainian a short paragraph of how your family celebrates Christmas.

ЛЕКЦІЯ ВОСЬМА — EIGHTH LESSON

This lesson covers the *instrumental* case. Therefore the underlined endings in the dialogue and text are the endings of the *instrumental* case.

ДІАЛОГ	DIALOGUE
ТЕЛЕФОННА РОЗМОВА	**TELEPHONE CONVERSATION**
ІВАН: Ало, чи Оксана вдома?	JOHN: Hello, is Oksana home?
МАТИ: Так, а хто це?	MOTHER: Yes, who's this?
ІВАН: Це Іван, з Америки.	JOHN: It's John from America.
МАТИ: Так, зачекайте.	MOTHER: Yes, please wait.
Оксано[1] , телефон!	Oksana, telephone!
ОКСАНА: Ало, це Оксана.	OKSANA: Hello, this is Oksana.
ІВАН: Добрий день Оксано.	JOHN: Hi, Oksana.
ОКСАНА: Привіт, Іване![2]*	OKSANA: Hi, John!
ІВАН: Чи ти дістала твою американську візу?	JOHN: Did you get your American visa?
ОКСАНА: Ні, вони мені не дають візу. *(заплаче)*	OKSANA: No, they won't give me the visa *(Beginning to cry)*
І: Що, чому?!	J: What, why?
О: Вони бояться що я не повернуся до мого рідного краю.	O: They're afraid that I will not return to my homeland.
І: Чому вони бояться?	J: Why are they afraid of such a thing?
О: Я не знаю. Вони мені казали що під законом 214(б)[3] я не маю гроші, та різних речей у моєму рідному краї.[4]	O: I don't know. They told me that under Section 214(b) I do not have enough money or other ties to my homeland.
І: Я не знаю що з нашим урядом. Зараз є більше і більше	J: I don't know what's with our government. Now there are

---

[1] **Оксано** is the vocative case of **Оксана**. The vocative case will be covered in lessons ten and eleven.

[2] **Іване** is the vocative case of **Іван**.

[3] 214 **двісті чотиринадцять**.

[4] **Краї** is the locative case of **край**. The locative case will be covered in the next lesson.

бюрократів в Америці.

О: В американському посольстві вони зовсім не приємні.

І: Гадаю що мені треба поговорит моїм конґресменом. Якщо американ- ський урядзараз це робить Америка більше не вільна країна. Оксано, тобі треба знову ходити до американ- ського посольства кожний день і їх мішати. Я поговорю з моїм конґресменом і з моїми сенаторами.

О: Добре, я можу це робити. До побачення.

І: До побачення Оксано. Щастя тобі.

more and more bureaucrats in America.

O: In the U. S. Embassy they are not too friendly.

J: I think that I have to talk with my senator. If the American government does this, then America is no a free country. Oksana, you must go to the U. S. every day and bother them. I will talk with my and my senators.

O: Good, I'll do that. Good bye.

J: Good bye, Oksana. Good luck.

СЛОВНИК

VOCABULARY

телефон *(m)*	telephone
розмова *(f)*	conversation
Америка *(f)*	America
посольство *(n)*	embassy
уряд *(m)*	government
привіт*	greetings
ало*	hello *(phone)*
еміґрація *(f)*	i m m i g r a t i o n office
з *(+inst.)*	with
під *(+inst.)*	under *(location)*
закон *(m)*	law, section
сердитися *(II)*	to get angry
бюрократ *(m)*	bureaucrat
віза *(f)*	visa
рідний край *(m)*	homeland
боятися *(irr.)*	to fear, to be afraid
сенатор *(m)*	senator
конґресман *(m)*	congressman

гроші *(pl)*	money
мішати *(II)*	to bother, to pester, to annoy
дружний	friendly
більше	more
свобода *(f)*	freedom
вільний	free
знову	again
заплакати *(irr.) (perfective)*	to begin to cry
різний	different
Марінс *(m)*	Marine (U. S.)
поясніти *(II)*	to explain
зовсім	... so...
інший	other
друг *(m)*	friend
подруга *(f)*	girlfriend
дружба	friendship
міжнародний	international
звати *(irr.)*	to call, to name self *(reflexive pronoun)*
відповідь *(f)*	answer
Москва *(f)*	Moscow
свій	one's own
дозволити *(II)*	to allow, to permit
критика *(f)*	criticism

Ідіоми Idioms

Привіт Greetings. Often used in telephone conversations and in letters as an informal greeting.

Ало is used only when answering the telephone. Talking to someone in person, one uses **привіт** or **добрий день**.

ЧИТАННЯ   READING

АМЕРИКА ПІД ЗАКОН<u>ОМ</u> 214(б), ПРОЩАЙ СВОБОДО[5]

Зараз в Америці є новий закон еміґрації. Я не розумію
чому під ц<u>им</u> закон<u>ом</u> Америка себе зве „Край свободи." Цей
дуже поганий закон називається „закон 214(б)." Люди завжди
собі питають чому треба такий поганий закон. Ось моя
відповідь. Я минулого року запрошував мою подругу із Москви
до мене. Я не знаю, що з наш<u>им</u> уряд<u>ом</u>. Коли моя подруга ходила
до американського посольства у Москві[6], то вони їй казали, що
під закон<u>ом</u> 214(б), вони не можуть їй дозволити їхати, тому що
бояться що вона не повернеться до свого рідного краю. Вона
знову ходила і ходила. Тепер я дуже серджуся на цих бюрократів
і на Марінсів у посольстві[7]. Ітак цей закон 214(б) під усе<u>ми</u>
критик<u>ами</u>.[8]

ГРАМАТИКА   GRAMMAR

THE INSTRUMENTAL CASE

The instrumental case in the Ukrainian case system indicates the means
of a noun or indicates a noun being with another noun. In the sentence "John
is going to school with *Mary*" in Ukrainian Mary would be in the *instrumental*
case. Example: Іван іде до школи з *Марією*. The instrumental case is
rather simple to form. Masculine and neuter nouns take the endings -*ом* for
hard-stem nouns and the ending -*ем* for soft-stem nouns. Feminine nouns take
the endings -*ою* for hard-stem nouns and -*ею* for soft-stem. Plural nouns of all
genders take the endings -*ами* for hard-stem nouns and -*ями* for soft-stem
nouns.
The istrumental case is also used after certain verbs and prepositions.

---

[5] Свободо is the vocative case of свобода.

[6] Москві is the locative case of Москва.

[7] Посольстві is the locative of посольство.

[8] Дуже поганий.

FIRST-DECLENSION SINGULAR NOUNS IN THE INSTRUMENTAL CASE

case	masculine	feminine	neuter
nominative	закон	книга	село
genitive	закону	книги	села
dative	законі	книзі	селу
accusative	закон	книгу	село
instrumental	*законом*	*книгою*	*селом*

SECOND-DECLENSION SINGULAR NOUNS IN THE INSTRUMENTAL CASE

case	masculine	feminine	neuter
nominative	хлопець	лікарня еміґрація	море
genitive	хлопця	лікарні еміґрації	моря
dative	хлопцеві	лікарні еміґрації	морю
accusative	хлопця	лікарню еміґрацію	море
instrumental	*хлопцем*	*лікарнею* *еміґрацією*	*морем*

Note that feminine nouns ending in *-ія* take the ending *-ією* in the instrumental singular.

THIRD-DECLENSION SINGULAR NOUNS IN THE INSTRUMENTAL CASE

case	masculine	feminine	neuter
nominative	батько	радість	читання
genitive	батька	радості	читання
dative	батькові	радості	читанню
accusative	батька	радість	читання
instrumental	*батьком*	*радост'ю*	*читанням*

FIRST-DECLENSION NOUNS IN THE INSTRUMENTAL PLURAL

case	masculine	feminine	neuter
nominative	закони	книги	села
genitive	законів	книг	сіл
dative	законам	книгам	селам
accusative	закони	книги	села
instrumental	*законами*	*книгами*	*селами*

SECOND-DECLENSION NOUNS IN THE INSTRUMENTAL PLURAL

case	masculine	feminine	neuter
nominative	хлопці	лікарні еміґрації	моря
genitive	хлопців	лікарнь еміґрацій	мор
dative	хлопцям	лікарням еміґраціям	морям
accusative	хлопців	лікарні еміґрації	моря
instrumental	*хлопцями*	*лікарнями* *еміґраціями*	*морями*

THIRD-DECLENSION NOUNS IN THE INSTRUMENTAL PLURAL

case	masculine	feminine	neuter
nominative	батька	радості	читання
genitive	батьків	радостей	читань
dative	батькам	радостям	читанням
accusative	батьків	радості	читання
instrumental	*батьками*	*радостями*	*читаннями*

HARD-STEM ADJECTIVES IN THE INSTRUMENTAL CASE

case	masculine	feminine	neuter	plural, all genders
nominative	новий	нова	нове	нові
genitive	нового	нової	нового	нових
dative	новому	новій	новому	новим
accusative	новий or нового	нову	нове or нового	нові or нових
instrumental	*новим*	*новою*	*новим*	*новими*

SOFT-STEM ADJECTIVES IN THE INSTRUMENTAL CASE

case	masculine	feminine	neuter	plural, all genders
nominative	домашній	домашня	домашнє	домашні
genitive	домашнього	домашнеї	домашнього	домашніх
dative	домашньому	домашній	домашньому	домашнім
accusative	домашній or домашнього	домашню	домашнє or домашнього	домашні or домашніх
instrumental	*домашнім*	*домашнею*	*домашнім*	*домашніми*

SINGULAR PERSONAL PRONOUNS IN THE INSTRUMENTAL CASE

nominative	я	ти	він, воно	вона
genitive	мене	тебе	його	її
dative	мені	тобі	йому	їй
accusative	мене	тебе	його	її
instrumental	*мною*	*тобою*	*ним*	*нею*

PLURAL PERSONAL PRONOUNS IN THE INSTRUMENTAL CASE

nominative	ми	ви	вони
genitive	нас	вас	їх
dative	нам	вам	їм
accusative	нас	вас	їх
instrumental	*нами*	*вами*	*ними*

THE POSSESSIVES МІЙ AND ТВІЙ IN THE INSTRUMENTAL CASE

case	masculine	feminine	neuter	plural, all genders
nominative	мій твій	моя твоя	моє твоє	мої твої
genitive	мого твого	моєї твоєї	мого твого	моїх твоїх
dative	моєму твоєму	моїй твоїй	моєму твоєму	моїм твоїм
accusative	мій мого or твій твого	мою твою	моє твоє or мого твого	мої твої or моїх твоїх
instrumental	*моїм* *твоїм*	*моєю* *твоєю*	*моїм* *твоїм*	*моїми* *твоїми*

THE POSSESSIVES НАШ AND ВАШ IN THE INSTRUMENTAL CASE

case	masculine	feminine	neuter	plural, all genders
nominative	наш ваш	наша ваша	наше ваше	наші ваші
genitive	нашого вашого	нашої вашої	нашого вашого	наших ваших
dative	нашому вашому	нашій вашій	нашому вашому	нашим вашим
accusative	наш ваш or нашого вашого	нашу вашу	наше ваше or нашого вашого	наші ваші or наших ваших
instrumental	*нашим* *вашим*	*нашою* *вашою*	*нашим* *вашим*	*нашими* *вашими*

XTO AND ЩO IN THE INSTRUMENTAL CASE

nominative	хто	що
genitive	кого	чого
dative	кому	чому
accusative	кого	що
instrumental	*КИМ*	*ЧИМ*

PREPOSITIONS THAT GOVERN THE INSTRUMENTAL CASE

з	with
над	over *(location)*
під	under *(location)*
за	beyond

Note that the prepositions з and за can be governed by two different cases. When they are governed by a different case, the meaning of the preposition is different.

Example: The preposition з can govern either the *genitive* case or the *instrumental* case. When the preposition з governs the genitive case, it means *from* or *out of*.

For example: **Ця карточка прийшла з *Полтави*.** This postcard came *from* Poltava.

When the preposition з governs the instrumental case, it means *with*.

For example: **Я йду до кіно з *Оксаною*.** I am going to the movies *with* Oksana.

The preposition за can also govern two different cases. When it governs the accusative case, it means for, as in support for something. (The opposite of **проти**)

For example: **Ми всі за *Єльцина*.** We are all *for* Yeltsin.

When the preposition за governs the instrumental case, it means *beyond*.

For example: **Озеро знаходиться за *горами*.** The lake is located *beyond* the mountains.

THE VERB ПОПАСТИ

The verb **попасти** means to become and must always govern the instrumental case.

FUTURE TENSE

я	попаду	ми	попадемо
ти	попадеш	ви	попадете
він, вона, воно	попаде	вони	попадуть

PAST TENSE

masculine я, ти, він	попав
feminine я, ти, вона	попала
neuter воно	попало
plural ми, ви, вони	попали

The verb **попасти** is only in the *perfective* form. Therefore it has no present tense, only a future and past tense. Idiomatically it translates into English as *to become* something. Literally it means *to fall* onto something. The verb **попасти** must always have the noun in the instrumental case.

For example: **Я ще не розумію як Клинтон попав *президентом*.** I still do not understand how Clinton became president.

Мій брат скоро попаде *лікарем*. My brother will soon become a doctor.

COMPARATIVES AND SUPERLATIVES

What are comparatives? Comparatives and superlatives are modified adjectives that show a comparison.

For example: *Big, bigger, biggest.* These are examples of how comparatives and superlatives are formed in the English language. In Ukrainian, however, regular comparatives and superlatives are formed as shown in the chart below. The adjective **старий**, *old*.

gender	adjective	comparative	superlative
masculine	старий	старіше	найстаріше
feminine	стара	старіше	найстаріше
neuter	старе	старіше	найстаріше
plural	старі	старіше	найстаріше

Note that the comparative старіше is used only to compare nonhuman nouns. To compare human nouns, one uses the comparative старше. Unlike adjectives, comparatives and superlatives do not agree with gender and case. Soft-stem adjectives form comparatives and superlatives the same way as hard-stem adjectives do. To form the superlative, one always adds the prefix най to the comparative. There are a few adjectives, however, that have an irregular form of comparatives and superlatives.

For example:

більший	*big*
більше	*bigger*
найбільше	*biggest*

добрий	*good*
краще	*better*
найкраще	*best*

поганий	*bad*
гірше	*worse*
найгірше	*worst*

There are two ways one can construct a sentence using the comparatives. One way is to use the conjunction ніж and the noun in the *nominative* case.

For example:

Цей будинок більше, ніж мій дім. *That building is bigger than my house.*

Я старше, ніж Оксана. *I am older than Oksana.*

Note that the conjunction *ніж* must always be preceded by a comma.

One can also construct a sentence, using the comparative without the conjunction ніж. However, the noun being compared must then be in the *genitive* case, not the nominative case. The conjunction ніж is never used in constructing sentences with superlatives.

For example:

Мій брат млодше *мене*.	My brother is younger than I.
Я старше *його*.	I'm older than he.
Богдан краще *Михайла*.	Bogdan is better than Michael.

THE IRREGULAR VERB БОЯТИСЯ (to fear, to be afraid)

я	боюся	ми	боїмося
ти	боїшся	ви	боїтеся
він, вона, воно	боїться	вони	бояться

The past tense of боятися is conjugated the same way as the past tense of conjugation (I) verbs.

THE VERB ПЛАКАТИ (to cry, to weep)

я	плачу	ми	плачемо
ти	плачеш	ви	плачете
він, вона, воно	плаче	вони	плачуть

The past tense of плакати is conjugated as the past tense of conjugation (I) verbs. The verb плакати is the *imperfect* form of the verb заплакати.

THE IRREGULAR VERB ЗВАТИ (to call, to name)

я	зву	ми	звемо
ти	звеш	ви	звете
він, вона, воно	зве	вони	звуть

The past tense of the verb звати is conjugated like the past tense of conjugation (I) verbs.

96

THE POSSESSIVE PRONOUN СВІЙ

The possessive pronoun свій indicates one's own. It is usually used in the third person and agrees with gender and case. It is declined like мій and твій.

For example:

Оксана не дістала *своєї* візи.   Oksana did not receive her*(own)* visa.

ДОМАШНЯ РОБОТА   HOMEWORK

I. Пишіть повні відповіді на питання читання.
Write complete answers to the questions of the text.

1. Що каже новий закон американської еміграції?   2. Чи американський народ має свободу під цим законом?   Поясніть.[9]
3. Як називається[10] цей закон?   4. Чи закон 214(б) дуже поганий закон?   5. Що я минулого року зробив?   6. Чи моя подруга дістала свою візу? 7. Що американська еміграція боїться?

II. Перекладіть з англійської мови на українську.
Translate from English to Ukrainian.

1. Section 214(b) is a very bad law.   2. I do not understand why American immigration is so afraid[так бояться] of foreigners[чужинців]. 3. America calls itself[себе] "the Land of the free." 4. I do not understand how and why Clinton became president. 5. Oksana is prettier than Halyna. *(Use construction with ніж + nominative.)* 6. Bogdan is older than John.*(Use construction with the noun in the genitive case.)* 7. This building is older than that one. *(Your choice of construction.)* 8. Oksana is the best.

III. Перекладіть з української мови на англійську.
Translate from Ukrainian to English.

1. В Америці під законом 214(б) більше свободи нема.   2. Люди,

---

[9] Explain.

[10] to call itself

котрі працюють за американську еміґрацію боягузи.[11]   3. Вони не дозволили їхати моїй подрузі до мене під законом 214(б).   4. Я старше мого брата.   5. Чем ти хочеш попасти?   6. Люди в американському посольстві не зовсім приємні.   7. Я не розумію чому американський уряд попав таким боягузом проти чужинців.

8. Цей дім старіше, ніж ця вулиця.

IV. Заповніть кінці слів.
    Fill in the word endings.

1. Я не розумію як Клинтон попав президент__.   2. Ми з Оксан_ будемо їхати з Полтав_   до Берліну. 3. Чи ви за Єльцин_   чи Жириновськ__? 4. За гор__ є річка. 5. Під як_   закон_ Америка більше не вільна?

V. Пишіть по-українському малий склад про себе.
    Write in Ukrainian a short paragraph about yourself.

---

[11] cowards

ЛЕКЦІЯ ДЕВ'ЯТА   NINTH LESSON

The underlined endings in the text and dialogue in this lesson are the endings that indicate the *locative* case.

ДІАЛОГ

DIALOGUE

У БИБЛІОТЕЦІ

IN THE LIBRARY

А: Добрий день, чи ви знаєте де знаходяться книги про Україну?

A: Hello, do you know where I can find books on the Ukraine?

Б: Так, українська мова на п'ят<u>ому</u> поверс<u>і</u>, культура на шост<u>ому</u> поверс<u>і</u>, та сьом<u>ому</u> поверс<u>і</u> історія і музика.

B: Yes, Ukrainian language on the fifth floor, culture on the sixth floor, and on the seventh floor history and music.

А: Я хочу читати про Україну на 40<u>их</u>[1] рок<u>ах</u>. Особліво про Велику вітчизяну війну Радянського союзу.

A: I want to read about the Ukraine in the 1940s, especially about the Great Patriotic War of the Soviet Union.

Б: О так, я знаю, що добре читати для вас.* На п'ят<u>ому</u> поверс<u>і</u>, є книга „Історія СРСР."

B: Oh, yes, I know what's good reading for you. On the fith floor is the book <u>The History of the U. S. S. R.</u>

А: Дуже дякую.

A: Thank you very much.

Б: Прошу. Ходіть на четвертий поверх якщо ти хочеш більше інформації.

B: You're welcome. Go to the fourth floor if you want more information.

СЛОВНИК

VOCABULARY

війна *(f)*	war
бібліотека *(f)*	library
вітчизняний	patriotic
історія *(f)*	history
СРСР	U.S.S.R.
вояк *(m)*	soldier
Європа *(f)*	Europe
інформація *(f)*	information

---

[1] сорокових

бомбардувати *(I)*	to bombard
літо *(n)*	summer
фашистський	fascist *(adj.)*
фашист *(m)*	facsist *(noun)*
напад *(m)*	invasion
Італія *(f)*	Italy
Японія *(f)*	Japan
Німечина *(f)*	Germany
імперіалістичний	imperialistic
гітлерівський	of Hitler's *(adj.)*
світовий	w o r l d l y , universal
Румунія *(f)*	Rumania
армія *(f)*	army
країна *(f)*	region
факт *(m)*	fact
перед *(+inst.)*	before, in front of
на *(+loc.)*	on *location*
(у)в *(+loc.)*	in *location*
комуністичний	communist *(adj.)*
біля *(+gen.)*	next to
Ла-Манш *(m)*	L a M a n c h e , *province of France*
Берлін *(m)*	Berlin
народ *(m)*	folk, people
Франція *(f)*	France
французький	French
фронт *(m)*	front
авіація *(f)*	aviation

Ідіоми   Idioms

*...добре **читати для вас**.   This is good reading for you.   Literally means: *Something good for you to read.*

ЧИТАННЯ   READING

This text is highly involved reading; therefore not all the words will be in this chapter's vocabulary section. However most of these words will be in the glossary in the back of the book. A good Ukrainian-English dictionary is also recommended for the rest of this book.

ВЕЛИКА ВІТЧИЗЯНА ВІЙНА РАДЯНСЬКОГО СОЮЗУ
НАПАД ФАШИСТСЬКОЇ НІМЕЧИНИ НА РАДЯНСЬКИЙ СОЮЗ

На початок літа 1941[2] року Німечина перебувала на вершині своєї воєнної могутності. Німецько-фашистська армія окупувала більшу частину західної Європи. Ще в червні 1940го року перед нею капітулював французький уряд. Він зрадив волелюбному французькому народу. Гітлерівські війська вступили во Франції. Дійшовши до узбережжя Ла-Маншу, вони завдали тяжкої поразки англійській експедиційній армії. Збройні сили Німечини були готові до вторгнення на британські острови, а її авіація бомбардувала англійські міста.

Німецькі фашисти мріяли завоювати світове панування. Союзниками гітлерівської Німечини була фашистська Італія та імперіалістична Японія. Поблизу радянських кордонів на Далекому Сході Японії тримала в бойовій готовності мільйонну Квантунську армію, чекаючи слушного моменту для нападу на СРСР. Радянський Союз був головною перешкодою на шляху до здійснення гітлерівських планів світового панування. Після загарбання європейських країн Гітлер уважав свій тил забезпечним. Фашистська Німечина для здійснення агресії на Сході мала в своєму розпоядженні всі економічні і людські резерви західноєвропейського континенту. Заводи Франції, Чехословачини, Бельгії, Голландії, Угорщини, Румунії, Іспанії, та ряду інших європейських країн були зайняті виробництвом озброєння для фашистських військ.

Від „Історії СРСР" Київ, 1963го року.
Сторінки 285 до 286.

---

[2] тисяча дев'ятсот сорок першого

ГРАМАТИКА   GRAMMAR

THE LOCATIVE CASE

The locative case is the sixth case in the Ukrainian case system. The locative case is used to indicate location in or on something or someone. In the English language this would be covered in the prepositional phrase *in the store*. For example: John is *in the store*. In Ukrainian the noun *store* would be in the *locative* case. Іван у *крамниці*. would be the translation of the sentence above.   The locative case is formed much like the dative case. The endings for all adjectives in masculine, feminine, and neuter are identical to the endings of the dative case. As in the dative case, the locative case requires nouns with the ending і. The stem ending in к, к changes to ц, and if the stem ends in г or ґ, the г or ґ must change to з.

FIRST-DECLENSION NOUNS IN THE LOCATIVE CASE IN THE SINGULAR

case	masculine	feminine	neuter
nominative	ранок	книга	село
genitive	ранку	книги	села
dative	ранці	книзі	селу
accusative	ранок	книгу	село
instrumental	ранком	книгою	селом
locative	*ранці*	*книзі*	*селі*

SECOND-DECLENSION NOUNS IN THE LOCATIVE CASE IN THE SINGULAR

case	masculine	feminine	neuter
nominative	українець	крамниця	море
genitive	українця	крамниці	моря
dative	українцеві	крамниці	морю
accusative	українця	крамницю	море
instrumental	українцем	крамницею	морем
locative	*українці*	*крамниці*	*морі*

THIRD-DECLENSION NOUNS IN THE LOCATIVE CASE IN THE SINGULAR

case	masculine	feminine	neuter
nominative	батько	радість	читання
genitive	батька	радості	читання
dative	батькові	радості	читанню
accusative	батька	радість	читання
instrumental	батьком	радост'ю	читанням
locative	*батьці*	*радості*	*читанні*

FIRST-DECLENSION NOUNS IN THE LOCATIVE CASE IN THE PLURAL

case	masculine	feminine	neuter
nominative	ранки	книги	села
genitive	ранків	книг	сіл
dative	ранкам	книгам	селу
accusative	ранки	книги	села
instrumental	ранками	книгами	селами
locative	*ранках*	*книгах*	*селах*

SECOND-DECLENSION NOUNS IN THE LOCATIVE CASE IN THE PLURAL

case	masculine	feminine	neuter
nominative	українці	крамниці	моря
genitive	українців	крамниць	мор
dative	українцям	крамницям	морям
accusative	українців	крамниці	моря
instrumental	українцями	крамницями	морями
locative	*українцях*	*крамницях*	*морях*

NOUNS IN THE THIRD DECLENSION IN THE PLURAL

case	masculine	feminine	neuter
nominative	батьки	радості	читання
genitive	батьків	радостей	читань
dative	батькам	радостям	читанням
accusative	батьків	радості	читання
instrumental	батьками	радостями	читаннями
locative	*батьках*	*радостях*	*читаннях*

HARD-STEM ADJECTIVES IN THE LOCATIVE CASE

case	masculine	feminine	neuter	plural, all genders
nominative	новий	нова	нове	нові
genitive	нового	нової	нового	нових
dative	новому	новій	новому	новим
accusative	новий or нового	нову	нове or нового	нові or нових
instrumental	новим	новою	новим	новими
locative	*новому*	*новій*	*новому*	*нових*

SOFT-STEM ADJECTIVES IN THE LOCATIVE CASE

case	masculine	feminine	neuter	plural, all genders
nominative	домашній	домашня	домашнє	домашні
genitive	домашнього	домашньеї	домашнього	домашніх
dative	домашньому	помашній	домашньому	домашнім
accusative	домашній or домашнього	домашню	домашнє or домашнього	домашні or домашніх
instrumental	домашнім	домашнею	домашнім	домашніми
locative	домашньому	домашній	домашньому	домашніх

SINGULAR PERSONAL PRONOUNS IN THE LOCATIVE CASE

nominative	я	ти	він, воно	вона
genitive	мене	тебе	його	її
dative	мені	тобі	йому	їй
accusative	мене	тебе	його	її
instrumental	мною	тобою	ним	нею
locative	*мені*	*тобі*	*йому*	*їй*

THE POSSESSIVE PRONOUNS МІЙ AND ТВІЙ IN THE LOCATIVE CASE

case	masculine	feminine	neuter	plural, all genders
nominative	мій твій	моя твоя	моє твоє	мої твої
genitive	мого твого	моєї твоєї	мого твого	моїх твоїх
dative	моєму твоєму	моїй твоїй	моєму твоєму	моїм твоїм
accusative	мій твій or мого твого	мою твою	моє твоє or мого твого	мої твої or моїх твоїх
instrumental	моїм твоїм	моєю твоєю	моїм твоїм	моїми твоїми
locative	*моєму* *твоєму*	*моїй* *твоїй*	*моєму* *твоєму*	*моїх* *твоїх*

THE POSSESSIVE PRONOUNS НАШ AND ВАШ IN THE LOCATIVE CASE

case	masculine	feminine	neuter	plural, all genders
nominative	наш ваш	наша ваша	наше ваше	наші ваші
genitive	нашого вашого	нашої вашої	нашого вашого	наших ваших
dative	нашому вашому	нашій вашій	нашому вашому	нашим вашим
accusative	наш ваш or нашого вашого	нашу вашу	наше ваше or нашого вашого	наші ваші or наших ваших
instrumental	нашим вашим	нашою вашою	нашим вашим	нашими вашими
locative	*нашому* *вашому*	*нашій* *вашій*	*нашому* *вашому*	*наших* *ваших*

THE IMPERATIVE TENSE OF VERBS

The imperative tense of verbs is used when a command is used. The imperative tense is only in the first person plural and in the second person singular, plural and formal. The imperative of the first person plural is rather simple and translates as *Let's....* It is constructed by conjugating the verb in the second person plural present tense.

For Example:
Ходимо до школи. *Let's go to school.*
Поговоримо. *Let's talk a while.*

To command someone, one must use the second person imperative. It will be constructed in the charts below. When using the imperative, remember that with older people and people you don't know very well, you use the *formal*, and with relatives, friends, peers, etc., you use the *informal*.

THE IMPERATIVE TENSE OF FIRST-CONJUGATION VERBS

infinitive	singular (informal)	plural and formal (singular and plural)
читати	читай	читайте

THE IMPERATIVE OF SECOND-CONJUGATION VERBS

infinitive	singular (informal)	plural and formal (singular and plural)
говорити	говори	говоріть

THE IMPERATIVE OF THE IRREGULAR VERBS **ПИСАТИ, КАЗАТИ**, AND **ІДТИ**

infinitive	singular (informal)	plural and formal (singular and plural)
писати	пиши	пишіть
казати	кажи	кажіть
іти (йти)	іди (йди)	ідіть (йдіть)

THE IMPERATIVE TENSE OF FIRST-CONJUGATION VERBS WITH -**АВАТИ** AND -**УВАТИ** ENDINGS

infinitive	singular (informal)	plural and formal (singular and plural)
давати	давай	давайте
збагачувати[3]	збагачуй	збагачуйте

Note that first-conjugation verbs with the -**ювати** ending are conjugated like the first- conjugation verbs whith the -**увати** ending.

---

[3] to enrich

THE IMPERATIVE TENSE OF THIRD-CONJUGATION VERBS

infinitive	singular (informal)	plural and formal (singular and plural)
повернутися	повернуйся	повернуйтеся

Note that reflexive verbs can either be first, second, or third-conjugation verbs and are conjugated the same way as any other verb, but the reflexive suffix -*ся* must be connected to the verb after the ending.

ДОМАШНЯ РОБОТА   HOMEWORK

I. **Пишіть повні відповіді на питання про читання.**
Write complete answers to the text.

1. **Що робила гітлерівська Німечина на початку 1941 року?**
2. **Чи фашистська Італія й імперіалістична Японія були союзниками Німечини?** 3. **Хто окупував більшу частину західної Європи?** 4. **Коли німецько-фашистська армія капітулював французький уряд?** 5. **Що німці хотіли робити зі заводами Франції, Чехословачини, Бельгії, Голландії, Угорщини, Румунії, та Іспанії?** 6. **Чи авіація Німечини бомбардувала міста Англії?** 7. **Коли почала німецько-фашистська армія напад на Радянський Союз?** 8. **Що ви гадаєте про гітлерівську Німечину і свої союзники?** **Пишіть чому ви так думаєте.**

II. **Перекладіть з англійської мови на українську.**
Translate from English to Ukrainian.

1. In 1941 Hitler started[почав] war in Europe.   2. Allies of Nazi[гітлерівська] Germany were fascist Italy and imperialistic Japan.
3. The Germans invaded[нападали] the Soviet Union in 1940.   4. Do you(formal) have any books on the Great Patriotic War in the Soviet Union?
5. Nazi Germany occupied Western Eurpoe in the summer of 1941.   6. Books on the Great Patriotic War of the Soviet Union are on the sixth floor.   7. Japan invaded the Soviet Union in the East.   8. War is very bad.

III. Перекладіть з української мови на англійську.
Translate from Ukrainian to English.

1. Багато людей померли[4] на фронті після нападу Німечини на Радянський Союз. 2. Союзники гітлерівської Німечини були фашистська Італія й імперіалістична Японія. 3. Книги про Україну на п'ятому поверсі.
4. Велика Вітчизяна війна Радянського Союзу дуже цікава частина історії Радянського Союзу. 5. Гітлер був дуже поганий чоловік. 6. У червні 1940го року гітлерівська Німечина окупувала Францію. 7. Мій дід добре знає як було на нападі німецько-фашистської армії. 8. На фронті було холодно і погано. 9. Німецький напад на Радянський Союз була майже[5] на территорії України.

IV. Заповніть кінці слів.
Fill in the word endings.

1. Ми зараз у библіоте__. 2. Ця картина також у моїй кни__. 3. Чи це твій перший раз в Україн__? 4. Чит__ цю книгу. 5. Ну, поговор__. 6. В як__ будин__ ти живеш? 7. Каж__ мені, що ви робите. 8. Ми живемо в Уральськ__ гор__.

V. Пишіть по-українському малий склад про частину історії що вам цікавується.
Write in Ukrainian a short paragraph about a part of history that interests you.

---

[4] died

[5] mostly

ЛЕКЦІЯ ДЕСЯТА   TENTH LESSON

The underlined endings in the dialogue and text in this lesson indicate endings of the *vocative case*.

ДІАЛОГ	DIALOGUE

НА ВУЛИЦІ

IN THE STREET

НАТАША: Добрий день, Галино.

ГАЛИНА: Добрий день, Наташо. Як ся маєш?

Н: Добре, а ти?

Г: Добре, я хочу що ти мого друга зустрічаєш. Він працює у школі. Його звуть Іван.

Н: Добрий день Іване. Чи ви голодні? Можемо піти куди-небудь поїсти.

ІВАН: Так, я трохи голодний. Як ти гадаєш, Галино?

Г: Ну добре, підемо.

NATASHA: Hi, Halyna.

HALYNA: Hi, Natasha, how are you doing?

N: Good, how about you?

H: Good, I want you to meet my friend. He works in the school. His name is John.

N: Hi, John. Are you hungry? We can go somewhere to eat.

JOHN: Yes, I'm a little hungry. What do you think, Halyna?

H: Ok, let's go.

У РЕСТОРАНІ

IN THE RESTAURANT

Н: Кельнерю!

КЕЛЬНЕР: Добрий день, чи ви хочете щось випити?

Н: Так, я б хотила 7up, будь-ласка.

К: А ви пано, що хочете?

Г: Так, я б хотила Пепсі, будь-ласка.

К: А пане?

І: Я б хотив одну Кока-Кола, будь-ласка.

К: Ну добре, це буде тридцять карбованців, будь-ласка.

І: Я маю гроші, я заплачу.

N: Waiter!

WAITER: Hello, would you like something to drink?

N: Yes, I would like a 7up, please.

W: And you, mam, what do you want?

H: Yes, I would like a Pepsi, please.

W: And you, sir?

J: I would like one Coca Cola, please.

W: Ok, that will be 30 karbovanetses please

J: I have money. I'll pay.

111

СЛОВНИК		VOCABULARY
кельнер *(m)*		waiter
ресторан *(m)*		restaurant
поїсти *(irr.)*		to eat something *perfective*
піти *(irr.)*		to go (on foot) *perfective*
пан *(m)*	*here:*	sir
Пепсі *(n) not declined*		Pepsi
Кока-Кола *(f) not declined*		Coca Cola
гроші *(pl)*		money
голодний		hungry
пити *(irr.)*		to drink *imperfective*
випити *(irr.)*		to drink *perfective*
трохи		a little
заплатити *(II)*		to pay *money*
дорогий	*here:*	dear
майже *(+gen)*		mostly
друг *(m)*		friend
життя *(n)*		life
зустрічати *(I)*		to meet
сміятися *(I)*		to laugh
пісня *(f)*		song
спраглий		thirsty
пошта *(f)*		post office
листоноша *(m)*[1]		mailman
собака *(m)*		dog
будинок *(m)*		building
квартира *(f)*		appartment
вулиця *(f)*		street

Ідіоми	Idioms

*На все добре. Wish you the best. Literally means: *All that's good.*

---

[1] There are a few words in the Ukrainian language that are masculine but have a feminine ending. These nouns are declined the same way as nouns of the *feminine* gender, but adjectives that agree with these nouns must be declined in the *masculine* gender.

ЧИТАННЯ   READING

9ого лютого, 1994ого року

Дорогий Богдане,

Як ся маєш? Все добре? Як працює пошта в Україні? Я тільки отримав один лист від тебе цього місяця. У нас дуже холодно й іде сніг, тому листоноша спізнюється. Я не можу чекати коли ми будемо разом в Україні. Це буде дуже весело. Минулого тижня був мій день народження. Мені тепер двадцять чотири роки. Ми весело святували мій день народження. Ми жартували і багато сміялися. Як у тебе погода? Пиши мені. Моє життя зараз дуже цікаве. В університеті я зайню багато цікавих класів. Ці класи мені дуже подобаються. Особливо клас комп'ютерів. Зараз я знаю багато про комп'ютери.

Ітак, на все добре.*
До побачення.

Твій друг, Ігор.

ЯК ПИШУТЬ АДРЕСУ В УКРАЇНІ

3402010
Україна
м. Київ
вул. Тараса Шевченка
б. 16   кв. 45
Богдан Кравчук

ГРАМАТИКА   GRAMMAR

THE VOCATIVE CASE

Congratulations! You have just covered all the cases in the Ukrainian case system. The vocative case is the last of the seven cases in the Ukrainian language. The vocative case is also the least used of the seven cases. When you address a noun, as in the sentence: *John*, give me the book please, in Ukrainian *John* in this sentence would be in the *vocative* case. It is translated as such: Іване, дай мені книгу будь-ласка. The vocative case is not only limited to proper nouns (*names*) but can be used with other nouns as well. This will be seen as we go on further and get into Ukrainian poetry, literature, and folk songs. The vocative case is rather simple to form as is shown below. There will not be charts on adjectives in this chapter because adjective endings in the vocative case are the same as in the nominative case.

FIRST-DECLENSION NOUNS IN THE VOCATIVE CASE

case	masculine	feminine	neuter
nominative	Іван	Оксана	слео
genitive	Івана	Оксани	села
dative	Іванові	Оксані	селу
accusative	Івана	Оксану	село
instrumental	Іваном	Оксаною	селом
locative	Івані	Оксані	селі
vocative	*Іване*	*Оксано*	*село*

SECOND-DECLENSION NOUNS IN THE VOCATIVE CASE

case	masculine	feminine	neuter
nominative	лікар	Валя	море
genitive	лікаря	Валі	моря
dative	лікареві	Валі	морю
accusative	лікаря	Валю	море
instrumental	лікарем	Валею	морем
locative	лікарі	Валі	морі
vocative	*лікарю*	*Валю*	*море*

THIRD-DECLENSION NOUNS IN THE VOCATIVE CASE

case	masculine	feminine	neuter
nominative	батько	радість	читання
genitive	батька	радості	читання
dative	батькові	радості	читанню
accusative	батька	радість	читання
instrumental	батьком	радост'ю	читанням
locative	батьці	радості	читанні
vocative	*батько*	*радість*	*читання*

THE VOCATIVE CASE PLURAL

The vocative case plural is just like the nominative plural.

WHAT IS NOT DECLINED IN THE VOCATIVE CASE

It is impossible to decline personal pronouns in the vocative case because one does not address himself, etc. Second person, however, is the exeption. It can be declined in the vocative case, but it is just as in the nominative.

There are some other aspects of the vocative case which will be covered in the next lesson.

NAMES ENDING IN -ІЙ AND -ІЯ

The feminine nouns of the second declension end in *-ї*, not in *-ю*.

Example:

nominative:	**Юрій**	George	**Марія**	Mary	**Галя**	Halya
vocative:	**Юрію**		**Маріїї**		**Галю**	

The vocative case is the only case that does not govern any prepositions. The vocative case is an old characteristic of Slavic languages. Ukrainian has the vocative case in both singular and plural. However other Slavic languages, like Russian, did away with the vocative case, and Polish has the vocative case only in the singular. In Ukrainian, however, the vocative plural is identical to the nominative plural.

THE CONDITIONAL TENSE OF VERBS WITH THE PARTICLE БИ

The conditional tense in Ukrainian translates into English as "would have, should have, or could have." This is expressed by the use of the particle би and the verb in the past tense. The particle би can mean either would, could, or should, depending on the context of the sentence. In Ukrainian it is considered polite to use the conditional tense when making an order in a restaurant, reserving a room in a hotel, etc. The particle би is very universal. Its use can mean either "I would like..., I would have..., I could...," etc. The particle би also has certain euphonic rules and in words with vowels it is written б.

For example:

Я б хотив їсти хліб з маслом.

I *would like* some bread with butter.

The particle би also has certain euphonic rules[2] regarding its use. When the particle би follows що, чи, etc. it becomes б. However, in a sentence construction beginning "If I would, could, etc. In Ukrainian it would be written "якби."

For example:

Якби погода *була* гарна, Галина *грала б* на бандурі під великим дубом.

If the weather *had been good*, Halyna *would have played* the bandura under the big oak tree.

Якби вона *мала* гроші, вона *поїхала б* Україну.
She *would have gone* to Ukraine *if she had* money.

One can notice in these examples that the particle би (б) can have several meanings. The conditional tense in Ukrainian can indicate abstraction

---

[2] See prechapter under *Euphonic Rules*.

with the meaning if (якби). As you noticed in the examples above, the particle би (б) and the verb in the past tense can be in any order within the sentence.

In certain sentence constructions using the conditional tense meaning "I would like...," the noun must be in the *accusative* case because it is still the direct object.

WRITING LETTERS AND ADDRESSES IN UKRAINIAN.

Writing a letter in Ukrainian is basically the same as writing one in English. There are two ways to date a letter. The correct format for dating a formal or business-type letter in Ukrainian is to put the date on the top right-hand corner of the stationary. Many informal letters, however, are dated at the end of the letter. Dating a letter can be done in two ways: Number of day, month written out, and number of the year with year either written out or abbreviated.

For example:

29 травня, 1981 р. The ending -oro at the number is understood to be and therefore is not written at the end of the day number or the year number.

Numerical dating is the second way that most Ukrainians date their mail. The Ukrainian method unlike the American method, which is month, day, year, is done this way: day, month, year.

For example:

American method: 05/29/81

Ukrainian method: 29. 05. 81

It is done this way because unlike in English, where it is possible to say either "The 29th of May, 1981, or May 29th, 1981," in Ukrainian it is only possible to say "29 травня, 1981," meaning: *"The 29th of May, 1981."*

Addresses in Ukrainian, one could say,"are written upside down." Those of you who are accustomed to the English and Western European way of writing an address will have to get used to the Ukrainian method of writing an address. The Ukrainian method of writing an address is basically the same as the Russian method. The English method of writing an address on an envolope is:

Name and surname
Street address
City, State or Province
Zip code
Nation

The Ukrainian method of writing an address on an envolope is this way:

Index code[3]
Nation
City, Oblast *(occasionally)*[4]
Street
House No. and appartment No.
Name and Surname

EXAMPLES OF UKRAINIAN ADDRESSES

314020	226040	150000
Україна	Україна	Україна
м. Полтава	м. Київ	м. Одеса
вул. Балакіна	вул. Тараса Шевченка	вул. Криму
б. 14 кв. 30	б. 56 кв. 234	б. 3 кв. 23
Маруся Петрова	Ігор Червоненко	Оксана Марчук

ABBREVIATIONS THAT ARE IMPORTANT IN WRITING A UKRAINIAN ADDRESS

abbreviation	meaning	English translation
обл.	область	district
м.	місто	city
вул.	вулиця	street
б.	будинок	house
кв.	квартира	appartment

---

[3] In Ukraine the index code is the equivelant to the zip code in America.

[4] An oblast is called a district in many of the former Soviet republics, including Ukraine.

Do not write to the addresses above. They are fictitious and were created for the purpose of showing how Ukrainian addresses are written. The best way to write to Ukraine is by way of aerograms. They are light weight, light blue, and go by airmail. I say that aerograms are the best because, although the Ukrainian post office is one of the most reliable of the former Soviet republics, there is still some corruption among some postal workers. They look at mail for dollars by looking at the mail through a light. If they can see light through the envolope, they know that there is no money enclosed, and then the mail is more likely to go through. For packages, it is better to send them via a private service than going through the post office.

CONJUGATION OF THE IRREGULAR VERB ЇСТИ (to eat)

я	їм	ми	їдимо
ти	їш	ви	їдите
він, вона, воно	їст	вони	їдять

Їсти is the imperfective verb of поїсти.

PAST TENSE

masculine я, ти, він	їв
feminine я, ти, вона	їла
neuter воно	їло
plural ми, ви, вони	їли

CONJUGATION OF THE IRREGULAR VERB ПИТИ (to drink)

я	п'ю	ми	п'ємо
ти	п'єш	ви	п'єте
він, вона, воно	п'є	вони	п'ють

The past tense is conjugated the same as verbs of the second conjugation.

THE IMPERATIVE TENSE OF FIRST CONJUGATION VERBS ENDING IN -ИТИ

infinitive	singular (informal)	plural, and formal (singular and plural)
розуміти	розумій	розуміть

ASPECTS OF VERBS OF MOTION

The verbs of motion are not only the verbs іти, ходити, їхати, їздити, летіти, and літати. There are different prefixes which can be added to these verbs of motion mentioned above. When these prefixes are added to the verbs, the verbs do not become perfective or imperfective. The verbs ходити, їздити, and літати are all imperfective verbs, meaning to walk, to drive, and to fly. However, the verbs приходити, приїздити, and прилітати are also imperfective but mean to arrive *on foot*, to arrive *by conveyance*, and to arrive *by air*. By adding the prefix при, these verbs took on a different neaning.

FORMATION OF DIFFERENT IMPERFECTIVE VERBS OF MOTION WITH DIFFERENT PREFIXES

при	to arrive	приходити	приїздити	прилітати
від	to leave, exit	відходити	від'їздити	відлітати
на	to find	находити	наїздити	налітати
в (во)	to enter	входити	в'їздити	волітати
за	to drop in	заходити	заїздити	impossible
по	to set out	походити	поїздити	політати

Note that it is usually impossible to drop in by air.

FORMATION OF DIFFERENT PERFECTIVE VERBS OF MOTION WITH DIFFERENT PREFIXES

With the perfective verb ідти, the stem must change to йти before adding any prefix. However, they are all conjugated the same as following the euphonic rules for the following nouns ending in vowels.

при	to arrive	прийти	приїхати	прилетіти
від	to leave, to exit	відійти	від'їхати	відлетіти
на	to find	найти	наїхати	налетіти
в (во)	to enter	війти	в'їхати	волетіти

| за | to drop in | зайти | заїхати | impossible |
| по | to set out | піти | поїхати | полетіти |

ДОМАШНЯ РОБОТА   HOMEWORK

I. **Пишіть повні відповіді на питання про читання.**
Write complete answers to the questions of the text.

1. Кому пише Ігор? 2. Яка погода у Ігоря? 3. У Кого був день народження? 4. Які класи зайне Ігор? 5. Скільки років Ігореві? 6. Який клас дуже подобається Ігореві? 7. Чи класи Ігоря йому цікавуються? 8. Що він гадає про свій клас комп'ютерів? 9. Чи Ігор весело святував свій день народження? 10. Що не може чекати Ігор? 11. Коли Ігор написав свій лист? 12. Чому в Ігоря листоноша спізнюється? 13. Чи в нього багато снігу? 14. Що пише Ігор про своє життя?

II. **Перекладіть з англійської мови на українську.**
Translate from English to Ukrainian.

1. Hello, Igor. How are you? 2. We arrived *(by air)* in Kiev yesterday. 3. I left the room. 4. Waiter, I would like some sausage [ковбасу] and a Pepsi please. 5. The mailman is always late[завжди спізнується]. 6. My computer class[клас комп'ютерів] is interesting *(to me).*7. In Ukraine the weather[погода] is beautiful. 8. Igor is writing a letter to Bogdan. 9. Valya, did you go to Ukraine? 10. No, I went to Russia[Росія].

III. **Перекладіть з української мови на англійську.**
Translate from Ukrainian to English.

1. Я хотив би їсти хліб з маслом. 2. Ми сьогодні відлітаємо від Києва. 3. Якби погода була гарна, я б ходив у лісу.[5] 4. Я війшов до кімнати. 5. У червні я поїду до України. 6. Що ти п'єш? 7. Ми кожний вечір п'ємо й їдимо в ресторані. 8. Як ви гадаєте коли листоноша спізнюється? 9. Я хотив би їсти ковбасу на обід. 10. Літак[6] кожний день літає від Чікаго до Києва.

---

[5] forest

[6] airplane

IV. **Заповніть кінці слів.**
Fill in the word endings.

1. Добрий день, Вал__. Як ся маєш? 2. Вона б хот__ їсти хліб з маслом. 3. Келнер___, скільки коштує ковбаса? 4. Дорог__ Богдан___, я тобі пишу з Полтави. 5. Добрий вечір тобі, пан___ господар____, радуйся. 6. Ой радуйся, земл____, син Божий народився.

V. **Пишіть по-українському малий склад, як ви пишете лист вашому другові.**
Write in Ukrainian a small paragraph as you would write a letter to a friend.

ЛЕКЦІЯ ОДИНАДЦЯТА   ELEVENTH LESSON
The underlined endings in the text and dialogue are endings of masculine nouns ending in -ець and nouns that end in the consonant г in the vocative case.

ДІЯЛОГ

DIALOGUE

У ЦЕРКВІ

IN CHURCH

МАТИ: Ну, діти, зараз
зараз не розмовляйте.
Хор починає співати.

MOTHER: Well, children, you must
be quiet now. The choir is
starting to sing.

ВАЛЕНЬКА: Мамо, хто цей
Хто цей уоловік,
хто туди прийде?

VALENKA: Mother, who is that
going there?

М: Він свяшеник. Він
сьогодні буде
святити нашу їжу.
Ну тихо, він починає службу.

M: He is the priest. Today he
will bless our food. Now
quiet, he is beginning the
mass.

СВЯЩЕНИК: *Співає:* Отця, і Сина,
і Святого Духа. Амінь!

PRIEST: *Singing:* In the name of the
Father, the Son, and the
Holy Spirit. Amen!

ЛЮДИ: *Співають:* Слава тобі Боже!

PEOPLE: *Singing:* Glory to You,
God!

СВ: Бажаємо тобі, Діві Марії!

PR: We adore You, Virgin Mary!

Л: Господи помилуй, Господи
помилуй, Господи помилуй!

P: Lord, have mercy, Lord, have
mercy, Lord, have mercy!

СВ: Доброго ранку. Ми сьогодні
святуємо нашу добру внижу.
Люди, хто має їжу і будуть
святит, прийдіть на алтар,
будь-ласка.
Святить їжу: Господи
святіть цю їжу, Амінь.

PR: Good morning. Today we have
a good harvest. People who
have food to be blessed,
come to the altar please.

Blessing the food: God,
God, bless this food. Amen.

Л: Амінь.
Отче наш, що єсі на небесах,
Нехай святиться ім'я Твоє,
Нехай прийде царство Твоє,
Нехай буде воля Твоя....

P: Amen.
Our Father, Who art in
Heaven, Hallowed be Thy
name, Kingdom come, Thy
will be done....

СВ: Бо Твоє є царство, і сила, і
слава, і Отця, і Сина, і Святого
Духа, нині і на віки вічні!

PR: For Yours is the Kingdom, the
Power, the Glory, the
Father the Son, the Holy

Л: Амінь.

Spirit, now and forever!
P: Amen.

СЛОВНИК

VOCABULARY

священик (m)	priest
церква (f)	church
Валенька (f)	dim. of *Валя*
мати (f)	mother
люди (pl)	people
діва (f)	virgin
дух (m)	spirit
Святий Дух (m)	Holy Spirit
отець (m)	Father: *Used only when referring to God.*
ранок (m)	morning
святити (II)	to bless
внижа (f)	harvest
співати (I)	to sing
святий	holy
мама (f)	dim. of *мати*
бажати (I)	to desire, to wish
син (m)	son
слава (f)	glory
сила (f)	strength, power
Бог (m)	God
царство (n)	kingdom
їжа (f)	food
Амінь	Amen
служба (f)	mass
починати (I)	to begin
небесний	heavenly
молитва (f)	prayer
молитвувати (I)	to pray
Молитва Господня (f)	The Lord's Prayer
на віки вічні*	forever and ever
святувати (I)	to celebrate
святий день (m)	holiday
алтар (m)	altar
ім'я (n)	name
діти (pl)	children
воля (f)	will, wish

Ідіоми	Idioms

*По вічні і вічні. Forever and ever. Literally means: *For centuries and centuries.*

ЧИТАННЯ   READING

ЦЕРКВА В УКРАЇНІ

Найбільша кількість[1] українців християни.   В Україні є три церкви.   Дуже далеко на заході, коло Польщи, та Чехії, і навіть на межі з Мадярщиною є Римсько-католична церква.   У середині України, коло Києва, є Візантійсько-католична церква, що союзники з Римською церквою.   На найбільшій частині України, на сході, є російська та українська православні церкви.   Чому є так багато різниці української церкви, можна бачити на історію.   У 16их та 17их століттях була Україна частиною Польщи.   Після цього окупувала Україну Польсько-литовський союз.   Обої поляки й литовці були римсько-католичні.   Це чому в українській мові є так багато польських слів.   Після цього окупування, Україна була свободна, але не довго була свободна.   У кінці 17го століття Україну знов окупували.   Вона була під режимом царської Росії.   Під цим режимом, особливо під Іваном Лютим, було дуже страшно.   Тому українці не любили росіянів.   В той час появилася Візантійсько-католична церква.   Під царською Росією, українська мова та українська культура була заборонено.   Всем українцям треба було ходити до російської церкви.   На заході були багато українців, хто були римсько-католичні.   Коли росіяни нападали у Київ, українцям не подобалися росіяни.   Ітак появилася Византійська церкба.   Це українська церква.   Тому що вони боялися царя Росії, традиції цієї церкви похожі як російської церкви.   Де є різниця, це Византійська церква союзники з Римською церквою.   Але на сході вони не мінялися.   Ітак сьогодні на заході є Римсько-католична церква від Польщи, на середині і коло Києва Византійська церква, і на сході Російська та українська православні церкви.

---

[1] majority

КУЛЬТУРНЕ ЗБАГАЧУВАННЯ   CULTURAL ENRICHMENT

МОЛИТВА ХРЕСТА[2]

Отця, і Сина, і Святого Духа. Амінь.

МОЛИТВА ГОСПОДНЯ

Отче наш, що єси на небесах![3] Нехай
святиться ім'я Твоє; нехай прийде царство
Твоє; нехай буде воля Твоя, як на небі, так
і на землі. Хліба нашого щоденного дай нам
сьогодні; і прости нам провини наші, як ми
прощаємо винуватцям нашим;[4] і не введи нас у
спокусу, але визволь нас від лукавого.[5]

Бо Твоє є царство, і сила, і слава, Отця,
і Сина, і Святого Духа, нині, і посвякчас, і на
віки вічні. Амінь.

Хто за віру вмирає, небесне царство має!

---

[2] Sign of the Cross

[3] who art in Heaven

[4] Forgive us our trespasses as we forgive those who trespass against us

[5] and lead us not into temptation, but deliver us from evil.

Типова українська церква, у Чікаґо.

ГРАМАТИКА GRAMMAR

THE VOCATIVE CASE *(continued)*

Certain masculine nouns, in particular nouns ending in -ець, -єць in the second declension, and masculine nouns in the first declension ending the in letter -г are shown below.

nom:	українець	*nom:*	заєць	*nom:*	Бог
voc:	українче	*voc:*	зайче	*voc:*	Боже

DIMINUTIVES OF NAMES

In the Ukrainian language there are diminutives used for names of people, as well as animals and pets, to show affection towards them. Diminutives are informal. They all have feminine endings. Whether the names are masculine or feminine makes no difference. Diminutives are formed by adding the ending -енька to the noun.

COMMON DIMINUTIVES OF NAMES

	masculine	feminine	neuter
noun	Іван	Валя	---------
diminutive	Іваненька Ваня	Валенька	---------

COMMON DIMINUTIVES OF ANIMALS

	masculine	feminine	neuter
noun	птак[6]	зозулька[7]	--------
diminutive	пташенька	зозуленька	--------

---

[6] bird

[7] coucou bird

Some diminutives are formed by adding the ending -очка or -ішка. Again the diminutives have feminine endings. Whether the nouns are masculine or feminine or neuter makes no difference. They are still feminine and are declined as feminine nouns. Note that very rarely are animal nouns neuter. They are usually masculine or feminine.

DIMINUTIVE ENDINGS AS LISTED ABOVE

	masculine	feminine	neuter
noun	кіт	ластівка	-----------
diminutive	кішка	ластівочка	-----------

NOUNS WITH IRREGULAR DECLENSIONS

ДІВЧИНА (girl)

case	singular	case	plural
nominative	дівчина	nominative	дівчата
genitive	дівчини	genitive	дівчат
dative	дівчині	dative	дівчатам
accusative	дівчину	accusative	дівчат
instrumental	дівчиною	instrumental	дівчатами
locative	дівчині	locative	дівчатах
vocative	дівчино	vocative	дівчата

МАТИ(mother)

case	singular	case	plural
nominative	мати	nominative	матері
genitive	матері	genitive	матір
dative	матері	dative	матерям
accusative	матері	accusative	матір
instrumental	матер'ю	instrumental	матерями
locative	матері	locative	матерях
vocative	мати	vocative	матері

СИН(son)

case	singular	case	plural
nominative	син	nominative	синовя
genitive	сина	genitive	синів
dative	synові	dative	синовям
accusative	сина	accusative	синів
instrumental	сином	instrumental	синовями
locative	сині	locative	синовях
vocative	сину	vocative	синовя

ДОЧ(daughter)

case	singular	case	plural
nominative	доч	nominative	дочері
genitive	дочері	genitive	дочір
dative	дочері	dative	дочерям
accusative	дочері	accusative	дочір
instrumental	дочер'ю	instrumental	дочерями
locative	дочері	locative	дочерях
vocative	дочі	vocative	дочері

ДІТИ(children)

case	plural
nominative	діти
genitive	дітей
dative	дітям
accusative	дітей
instrumental	дітями
locative	дітях
vocative	діти

ДОМАШНЯ РОБОТА   HOMEWORK

I. Пишіть повні відповіді на питання про читання.
   Write complete answers to the questions to the text.

1. Яка релігія[8] найбільша кількість українців?   2. Під яким
режимом появилася Візантійська церква?   3. Яка релігія
українців на сході України?   Візантійська чи Російська

---

[8] religion

церква? 4. З якою церквою була Візантійська церква союзники? 5. В якому столітті була Літва союзники з Польщою? 6. Чому українська схожа на російську церкву? 7. Яка церква „Українська церква?" (Не Українська православна церква.) 8. Чому в українській мові є багато польських слів? 9. Яка церква знаходиться далеко на заході України?

II. Перекладіть з англійської мови на українську.
Translate from English to Ukrainian.

1. The Byzantine Catholic Church is the "Ukrainian Church" and is in union with the Roman Catholic Church. 2. In the Ukrainian language there are many Polish words because Poland used to occupy much of Ukraine. 3. In the 17th century the Ukraine was occupied by the Polish-Lithuanian Union. 4. Most[найбільша кількість+ genitive plural] of the people who live in the west of the Ukraine are Roman Catholic. 5. In the east they are Russian Orthodox. 6. After the Polish-Lithuanian occupation, the Ukraine was independent for a short time. 7. Afterwards, the Ukraine was occupied by Tsarist Russia. 8. Every Ukrainian had to go to the Russian Church. 9. Under Tsarist Russia, the Ukrainian culture and language were forbidden.

III. Перекладіть з української мови на англійську.
Translate from Ukrainian to English.

1. Україна зараз незалежна. 2. У 17му столітті Україна була під Польсько-Литовським союзом. 3. У Львові найбільша кількість людей римсько-католиків. 4. Під царською Росією для українців було дуже тяжко. 5. Візантійська церква схожа на Російську церкву. 6. Візантійська церква союзник з Римсько-католичною церквою. 7. В українській мові є багато польських слів, тому що в 16му і 17му століттях Україна була під Польщою. 8. На найбільшій частині України найбільша кількість людей російсько та українсько православні. 9. Візантійська церква завжди називається „Українська церква." 10. Є багато росіянів на сході України.

IV. Заповніть кінці слів.
Fill in the word endings.

1. От__ наш, що єси на небесах.   2. І лисиця[9] говорила; „Зай__,
кажіть мені, де я можу спати." 3. Слава тобі Бо__! 4. Вал__, чи
ти дістала твою візу? 5. Богдан__, де ти живеш?

V. Пишіть по-українському малий склад про вашу церкву.
Write in Ukrainian a short paragraph about your church.

---

[9] fox

REVIEW FROM PRECHAPTER TO LESSON ELEVEN

THE ALPHABET

The Ukrainian alphabet is a phonetic alphabet.

I. Rewrite these words in the Cyrillic cursive script.

1. Добрий день. 2. Україна має багато господарства. 3. До побачення.

VOCABULARY REVIEW *(Lessons one to eleven)*

А

а	but
але	but
аптека *(f)*	pharmacy
аптекар *(m)*	pharmacist
авто *(n)*	car, automobile
ангел *(m)*	angel
Америка *(f)*	America
американець *(m)*	American
ало	hello
армія *(f)*	army
авіація *(f)*	aviation
Амінь	Amen
алтар *(m)*	altar

Б

багато *(+ gen. pl.)*	many
бандура *(f)*	bandura
батько *(m)*	father
більший	big
більше	more
бути *(irr)*	to be
боліти *(II)*	to ail
бідний	poor
брати *(irr)*	to take
брат *(m)*	brother
будь-ласка	please

борщ *(m)*	borscht
Бог *(m)*	God
бюрократ *(m)*	bureaucrat
боятися *(irr)*	to be afraid
бібліотека *(f)*	library
бомбардувати *(I)*	to bomb, to bombard
біля *(+gen)*	next to, near
Берлін *(m)*	Berlin
будинок *(m)*	building, house
бажати *(I)*	to desire, to wish

В

вікно *(n)*	window
він	he
вона	she
воно	it
вони	they
ви	you *(pl.&formal)*
Великдень *(m)*	Easter
ваш	yours *(pl.&formal)*
встати(устати) *(irr)*	to wake up
вечір *(m)*	evening
вокзал *(m)*	railway station
вагон *(m)*	train car
входити *(II)*	to enter
важний	important
великий	great, huge
вишивка *(f)*	embroidery
віза *(f)*	visa
війна *(f)*	war
вітчизняний	patriotic
вояк *(m)*	soldier
в(у) *(+acc.)*	into
в(у) *(+loc.)*	in
вулиця *(f)*	street
внижа *(f)*	harvest
вік *(m)*	century
воля *(f)*	will, wish

Г

говорити *(II)*	to talk, to speak
грати *(I)*	to play
гадати *(I)*	to think
грип *(m)*	flu
година *(f)*	hour
Галичина *(f)*	Halychyna
Гуцул *(m)*	Hutsul
господарство *(n)*	agriculture
годиник *(m)*	watch, clock
гроші *(pl)*	money
гарний	beautiful
гітлерівський	Nazi
голодний	hungry

Ґ

Д

добрий	good, nice
день *(m)*	day
добре	well, good
дуже	very
декорація *(f)*	decoration
дівчина *(f)*	girl
диван *(m)*	divan, sofa
десь	here
де	where
дістати *(I)*	to get
до *(+gen)*	to, toward
діва *(f)*	virgin, maiden
Дідух *(m)*	Didukh
дід *(m)*	grandfather
діти *(pl)*	children
дивний	wondrous
друг *(m)*	friend
дружний	friendly
дружба *(f)*	friendship
дозволити *(II)*	to allow
дорогий	expensive, dear
дух *(m)*	spirit

Е

елекція (f)	election
еміграція (f)	immigration
емігрант (m)	immigrant

Є

є	there is
Єрусалим (m)	Jerusalem
Єльцин (m)	Yeltsin
Європа (f)	Europe
європейський	European

Ж

життя (n)	life
жити (irr.)	to live

З

завжди	always
знати (I)	to know
зараз	now
закон (m)	rule, law
за (+acc)	for
за (+inst)	beyond
з (+gen)	from, out of
з (+inst)	with
Запоріжжя (n)	Zaporrizhia
земля (f)	world, earth
захід (m)	west
західній	western
завтра	tomorrow
зробити (II) *perfective:*	to do
зустрічатися (I)	to meet
зірка (f)	star
здоров'я (f)	health
знов	again
заплакати (irr)	to begin crying
зовсім	…so…
звати (irr)	to call, to name

з'їсти*(irr)*	*perfective:*	to eat something
заплатити*(irr)*		to pay for

И

І

Іван*(m)*		John
Ігор*(m)*		Igor
іти*(irr)*	*perfective:*	to go *on foot*
і(й)		and
інший		other, another
історія*(f)*		history
інформація*(f)*		information
Італія*(f)*		Italy
імперіалістичний		imperialistic
ім'я*(n)*		name

Ї

її		hers
їх		theirs
їхати*(irr)*		to go *by conveyance*
їжджати*(I)*		to drive
їсти*(irr)*	*imperfective:*	to eat
їжа*(f)*		food

Й

його	his

К

картина*(f)*	picture
коло*(+gen)*	near, next to
кімната*(f)*	room
козацький	Kossack*(adj)*
крамниця*(f)*	store, shop
кама*(f)*	bed
край*(m)*	land, country
країна*(f)*	region

краще		better
карбованець (m)		Karbovanets
квітка (f)		ticket
касир (m)		cashier
куди		where to
Київ (m)		Kiev
Київщина (f)		region of Kiev
Крим (m)		Crimea
культура (f)		culture
комуніст (m)		communist
коли		when
корабель (m)		ship
купити (II)	*perfective:*	to buy
консульство (n)		consulate
коляда (f)		Christmas carol
колач (m)		kolach
книш (m)		knysh
конґресмен (m)		congressman
критика (f)		criticism
комуністичний		communist *(adj)*
кельнер (m)		waiter
квартира (f)		appartment

Л

любити (II)	to like, to love
лампа (f)	lamp
лікар (m)	doctor, physician
лікарня (f)	hospital
лікарство (n)	medicine
література (f)	literature
літо (n)	summer
листоноша (m)	mailman
лист (m)	letter
люди (pl)	people

М

мати (I)	to have
мати (f)	mother
мій	my, mine
могти (irr)	to be able

місто *(n)*	city
море *(n)*	sea
малювати *(I)*	to draw, to paint
мороз *(m)*	frost
Марія *(f)*	Mary
мішати *(II)*	to bother, to annoy
Марінс *(m)*	Marine (U. S.)
міжнародний	international
маса *(f)*	mass
молитися *(II)*	to pray
молитва *(f)*	prayer

Н

на *(+ acc)*		onto
на *(+ loc)*		on
ні		no
не		not
наш		our, ours
нога *(f)*		foot, leg
народ *(m)*		folk
надіятися *(I)*		to hope
ну		well
небо *(n)*		sky, heaven
небесний		heavenly
новина *(f)*		news, tidings
напад *(m)*		invasion
Німечина *(f)*		Germany
напити *(irr)*	*perfective:*	to drink

О

олівець *(m)*	pencil
Одеса *(f)*	Odessa
обід *(m)*	dinner
отець *(m)*	Father *(God)*

П

пан *(m)*	sir, gentleman
писати *(irr)*	to write
підручник *(m)*	textbook

працювати *(I)*		to work
пісня *(f)*		song
погано		badly, poorly
поганий		bad
підпис *(m)*		prescription, signature
проти *(+ gen)*		against, opposed
поїзд *(m)*		train
провідник *(m)*		railway conductor
пасажир *(m)*		passenger
про *(+ acc)*		about
після *(+ gen)*		after
промисловість *(f)*		industry
Полтава *(f)*		Poltava
північ		midnight
північ *(f)*		north
південь		high noon
південь *(m)*		south
північний		northern
південний		southern
подобатися *(I) (+ dat)*		to be pleasing to
пообідати *(I)*		to have dinner
покупувати *(I)*	*imperfective:*	to buy
писанка *(f)*		Easter egg
предвічний		eternal
предиво *(n)*		miracle
посольство *(n)*		embassy
привіт		greetings
під *(inst)*		under
пояснити *(II)*		to explain
подруга *(f)*		girlfriend
перед *(+ inst)*		before, in front of
пошта *(f)*		post office
починати *(I)*		to begin
православний		Orthodox

Р

робити *(II)*	*imperfective:*	to do
розуміти *(I)*		to understand

Різдво *(n)*	Christmas
ранок *(m)*	morning
Радянський Союз *(m)*	Soviet Union
ресторан *(m)*	restaurant
рік *(m)*	year
річ *(f)*	thing, object
радість *(f)*	happiness
рождатися *(I)*	to be born
родити *(II)*	to give birth
розмова *(f)*	conversation
рідний	of root, heritage
різний	different
Румунія *(f)*	Rumania

С

стіл *(m)*	table
студент *(m)*	student
студентка *(f)*	student
співати *(I)*	to sing
старий	old
серьозно	seriously
Севастополь *(f)*	Sevastopol
СРСР	U. S. S. R.
(Союз радянських соціалістичних республік)	
степ *(m)*	steppe
скільки	how much, many
столиця *(f)*	capital city
схід *(m)*	east
східний	eastern
село *(n)*	village
січень *(m)*	January
свято *(n)*	celebration
святувати *(I)*	to celebrate
святий	holy
Святий вечір *(m)*	Christmas Eve
смачний	tasty
сердитися *(II)*	to get angry
сенатор *(m)*	senator
свободний	free
свобода *(f)*	freedom
себе	oneself

свій	one's own
світовий	worldly, universal
сміятися *(I)*	to laugh
спраглий	thirsty
собака *(m)*	dog
священик *(m)*	priest
святити *(II)*	to bless
Святий Дух *(m)*	Holy Spirit
син *(m)*	son
слава *(f)*	glory
сила *(f)*	power, strength
святий день *(m)*	holiday

Т

так	yes
там	there
твій	yours *(informal)*
треба *(+dat)*	need, necessary to
тіло *(n)*	body
тепер	now
туди	there, thither
тільки	only
трава *(f)*	grass, straw
телефон *(m)*	telephone

У

Україна *(f)*	Ukraine
український	Ukrainian *(adj)*
українець *(m)*	Ukrainian *(noun)*
українка *(f)*	Ukrainian *(noun)*
уставати (вставати) *(I)*	to get up
усе (все)	all, everything
успіх *(m)*	success
уряд *(m)*	government

Ф

фронт *(m)*	front
фашист *(m)*	fascist

фашистський		fascist *(adj)*
Франція *(f)*		France
французький		French
флот *(m)*		fleet

Х

хто		who
хворий		sick
холодно		cold
холодний		cold
ходити *(II)*	*imperfective*	to go *(on foot)*
хвилина *(f)*		minute
хіба		perhaps
хліб *(m)*		bread
Христос *(m)*		Jesus Christ

Ц

це	this
цікавий	curious, interesting
цікавуватися *(I)* *(+dat)*	to interest
царапати *(I)*	to scratch, to paw
церква *(f)*	church
царство *(n)*	kingdom

Ч

чи	is, or
читати *(I)*	to read
Чорне море *(n)*	Black Sea
чорний	black
червоний	red
чорноморський флот *(m)*	Black Sea fleet
Чікаґо *(n)* *(not declined)*	Chicago
чистий	clean, immaculate
чому	why

Ш

шум *(m)*	noise
штат *(m)*	state

Щ

що	what, that
ще	still
щасливий	prosperous
щедрий	generous
Щедрий вечір *(m)*	harvest dinner

Ю

Юрій *(m)*	George

Я

я	I
яйце *(n)*	egg
ялинка *(f)*	Christmas tree

Study the vocabulary above for words in the texts of this lesson.

I. Fill in the blanks. Read the text below and fill in the proper endings of the nouns and adjectives in their proper cases. Be sure that adjective endings agree with gender as well as with case.

МІЙ ЦІКАВИЙ СОБАКА

Я маю дуже цікав___ собак__. Він дуже розумний. Коли він бачить, що я щось роблю, він мене царапає. Я дуже люблю грати зі ц___ собак__. Що дуже смішно[1], це він любить подарунк . М_ мати їй завжди дає багато подарунк___. Коли м___ батько не в кухн___, Дуня їсть св_ подарунок на килим__наш___ гостин__, але коли м_ батько сидить за стол__, вона їсть св___ її подарунок під стол__. Ім'я м___ собак__ Дуня. Дуня любить гуляти. Вона дуже любить коли ми з м__ мат___ гуляємо разом.

---

[1] funny

II. **Fill in the blanks.** Read the following four passages and fill in the proper tenses of the verbs indicated in the instructions above each text.

1. Verbs of the first, second, third, and irregular conjugations studied thus far in the *present* tense.

ЛИСТ ДО МОЄЇ ПОДРУГИ

Дорога Оксано,

Як ся ма___? Все добре? Я сьогодні отрима___ мою українську візу. Кажи мені коли я м___ тобі телефонувати. Нам треба поговорити про що ми буд___ робити буд___ коли ми разом в Україні. Я зараз добре прац____ з комп'ютерами у школі. Після я йд___ до школи, я буд___ ходити до українського консульства у Чікаґо, де я діста___ мою візу. Що дуже цікавий, це консульство знаход____ся у середині українського села у Чікаґо. Напроти вулиці моєї любимої крамниці „Дельта Імпорт" знаход_ся Генеральне консульство України у Чікаґо.

Ітак, я тебе кох_ іціл__. На все добре.

До побачення.

Твій друг, Іван.

2. Verbs of the first, second, third, and irregular conjugations in the *past* tense.

МОЄ ЖИТТЯ

Мене звуть Іван, і я народ__ся у 1971му році. Ми з моєю родиною ж___ у Чікаґо до 1974го року. У цьому році ми переїха_ у Мичиґан Сіти. Там я зараз живу. У 1975му році я почина__ школу. Коли мені бу__ п'ятнадцять років, я кінча__ граматичну школу і почина__ середню школу. Третього травня, 1990го року, я кінча____ середню школу, і діста____ мій диплом середньої школи. Зараз я йду до Університету Індіяни. Це моє життя.

3. Verbs of the first, second, third, and irregular conjugations in the *imperative* tense.

РОЗМОВА МІЖ МАТЕР'Ю І ДІТЬМИ

Ну діти, одягну__ся,[2] ми сьогодні будемо дуже зайняті. Після ви одягнулися, ход___ до авта, будь-ласка. Діти, чи ви готувалися? Іде__, ми спізнюємося. Дав__, поїд__.

4. Read the text below. Instead of blanks, the verbs will be in English. Use your judgment by looking at the surrounding words, eg. *сьогодні, зараз, кожний день* etc., for clues. You must write the Ukrainian of the verb. Decide by looking for clues, such as the ones mentioned above, that show either a habitual action or an action that was only done once. Remember that verbs indicating a habitual action are *imperfective* and verbs that indicate an action done only once are *perfective*.

ЧИТАННЯ

Я ще не розумію, як Клинтон *became* президентом. Він тільки говорить і обіхає, але нічого не *to do*. Він кожний день *talk* „Бачіть як я добрий президент. Нам більше не треба так багато платити грошей уряді." Але це не правда. Зараз кожного року життя в Америці *will be* ще дорожче й дороже.

III. Translate into Ukrainian.

THE UKRAINIAN CHURCH

The Ukrainian church is divided.[3] In Greater Ukraine[На сході України] the majority of the people are Russian and Ukrainian Orthodox, and in Western Ukraine, near the Polish and Slovakian borders, the majority of the people are Roman Catholic. In Kiyivchyna, Hutsul, and Halychyna the majority of the people are Byzantine Catholic. In the 16th and 17th centuries Ukraine was occupied by Poland and later the Polish-Lithuanian Union. This had a large influence[вплив] on the Ukrainian Church. After the collapse of the Polish-Lithuanian Union, Ukraine was independent for a short time. At the end of the

---

[2] одягнутися

[3] дилинна

17th century, Ukraine was under the brutal regime of Tsarist Russia[під жорстоким режимом царської Росії]. Under this regime, the Ukrainian language, culture, and literature were forbidden. All Ukrainians had to join the Russian Orthodox Church. This was the birth[народження] of the Byzantine Catholic Church.

IV. Translate into English.

ГЕОГРАФІЯ УКРАЇНИ

Україна тепер нова країна, котра була республікою бувшого Радянського Союзу. На сході України межує з Росією. У південній Україні знаходиться Крим, та берег Чорного моря. На заході Україна межує з Молдовою, Румунією, Мадярчиною, Словащиною, і з Польшою, а на півночі з Білорус'ю. Найважніша річка України Дніпро. Міста України Київ, Одеса, Севастополь, Дніпропетровськ, Полтава, Харків, Львів і Феодосія. Київ столиця України. На заході України є Карпатські гори. Вони знаходяться на межах зі Соващиною, Мадярчиною, і з Румунією. На середині України є дуже широкий степ. На степах є багато господарств. Земля України дуже добра земля. На цій землі можна все ростити. Крим дуже важна частина України, тому що там знаходиться Чорноморська флота. У Севастополі. Президент України Леонід Кравчук. Він перший президент України.

V. Read the article below and answer the questions in Ukrainian in complete sentences. Resort to the dictionary in the back of the book or your own dictionary for new words.

КРИМСЬКІ КОМУНІСТИ ПІДТРИМАЛИ ПУТЧИСТІВ

Сімферополь (УНІАР).
- Кореспондент інформаційної аґенції „Республіка" надіслав з Криму уривки із стенограми засідання президії Верховної Ради Кримської АССР.

Микола Ваґров, голова ВР Криму: „Більшість республік взагали підтримують вказані події. Згідно статистичних даних 90% працівників заводу Ростельмаш у Ростові-на-Дону підтримують ДКНС, також картина, напевно по усій країні". Пилин Руснак, генерал-майор міліції, начальник УВС Кримської АССР: „70-80% кримчан підтримують ДКНС. Люди радіють, вітають один одного. Противникі одиниці. Треба ДКНС підтримати".

Віталій Курашик, голова Ради міністрів Криму: Ми провели президію Ради міністрів і намітали заходи для виконання постанов ДКНС. Головному редактору кримського телебачення Анатолію Сиваченко вказано про особисту відповідальність за якість телепрограм. Треба підтримувати ДКНС.

Від Українського щоденнику „Свобода" середа, 4-го вересня, 1991 р.
Answer the questions about the text below.

1. Що появився з Кримською головною Радою?
2. Хто Микола Багров?
3. Що він каже про Раду Кримської АР?
4. Скільки процентів статистичних даних працівників заводу „Ростельмаш" у Ростові-на-Дону підтримують ДКНС?
5. Що каже Пилин Руснак скільки кримчан підтримують ДКНС?
6. Чому треба підтримати ДКНС?
7. Хто головний редактор Кримського телебачення?
8. Що він каже про ДКНС?
9. Хто Віталій Курашик?
10. Як ви гадаєте про це стаття?

VI. Decline the following nouns in all seven cases in the singular and plural. Indicate gender and write the English meaning.

1. аптека 2. бандура 3. бюрократ 4. вікно 5. читання 6. година 7. годиник 8. війна 8. лікар 9. мати 10. дівчина 11. батько 12. вннжа 13. господарство 14. емігрант 15. Чікаґо 16. діти 17. дух 18. життя 19. телебачення 20. більшість 21. історія 22. здоров'я 23. ім'я 24. зірка 25. їжа 26. консульство 27. касир 28. нога 29. мороз 30. ніч

VII. Decline the following adjectives in all seven cases in all three genders and plural and translate into English.

1. комуністичний 2. західній 3. новий 4. російський 5. інший 6. домашній 7. південний 8. предвічний 9. світовий 10. свободний 11. третій 12. другий 13. смачний 14. український 15. чорноморський 16. синій 17. червоний 18. злий 19. хворий 20. цікавий 21. жовтий 22. святий 23. східній 24. південний 25. серьозний 26. йримський 27. французький 28. добрий 29. середній 30. німецький

Conjugate the following verbs in the present, past, future compound, and imperative. Write the English translation of the infinitive.

1. читати 2. говорити 3. дістати 4. боятися 5. розуміти
6. любити 7. працювати 8. подобатися 9. повернутися
10. святити 11. боліти 12. багачувати 13. дозволити
14. співати 15. заплакати 16. готувати 17. брати 18. ходити
19. їхати 20. їсти 21. літати 22. писати 23. ідти 24. робити
25. радуватися 26. грати 27. мати 28. їздити 29. гадати
30. родити 31. вишивати 32. бажати 33. хотити 34. отримати
35. святувати 36. окупувати 37. напити 38. цікавуватися
39. царапати 40. пояснити

Decline these possessive articles in all seven cases and in all genders and the plural.

1. мій 2. наш 3. твій 4. ваш 5. свій

You have just finished the first segment of this book. Lessons twelve through fifteen will cover some basic grammar, but the intent is to get you exposed to literary and conversational aspects of the Ukrainian language. The texts in the next chapters will still include dialogues; however, more emphasis will be on readings. The readings in the following lessons will be segments of newspaper articles from various well known Ukrainian newspapers from America as well as from Ukraine. You will also be exposed to a great deal of Ukrainian literature, folklore, customs, and folk songs.

ЛЕКЦІЯ ДВАНАДЦЯТА	TWELFTH LESSON

As of these lessons, you should be able to understand enough Ukrainian to understand instructions, titles, etc. You will notice that as of this lesson all homework instructions will be written in Ukrainian only. The English translations are still to the right of the Ukrainian dialogues as before. There are vocabulary sections in between the dialogues and texts; however, you will now be exposed to more intense readings, such as folk stories, folk lore, folk epics, modern-day literature, and newspaper articles, as well as events in Ukraine. Therefore a good English-Ukrainian, Ukrainian-English dictionary may be helpful. Towards the end of the book, you will also be exposed to slang and everyday expressions used in the different regions of Ukraine. In the second half of this book (starting with this lesson), you will be exposed more to Ukrainian writing style and to the fine points of Ukrainian grammar than basic grammatical structure as you were in the first half of this book.

ДІАЛОГ

ВИБОРИ В УКРАЇНІ У ЧЕРВНІ 1994 РОКУ

ТЕЛЕБАЧЕННЯ: Добрий вечір, Україно. Ви бачите Київ 1 Відомості. Зараз 21 година... Сьогодні у Києві стало відомо, що вибори будуть на кінці місяця.

TELEVISION: Good evening, Ukraine. You are watching Kiev Channel One News. The time 9:00pm.... it became known that there will be elections at the end of the month.

ІВАН: Юро, що ти думаєш про вибори в Україні?

JOHN: Yura, what do you think of the elections in Ukraine?

ЮРА: Це буде дуже цікаво, але це не буде швидко мінятися. Зараз бачиш, є дуже слаба віра. Дуже мало ходять до церкви.

YURA: It will be very interesting, but it will not change very quickly. Now, as you can see, there is weak faith. Very few people go to church now.

НАТАША: Я не за Кравчука.

NATASHA: I am not for

І: Чому? Він же перший президент України.

J: Why? He is the first president of Ukraine.

Н: Так, але він нічого не робить.

N: Yes, but he does not do anything.

Ю: Він тільки за свій карман. Ти бачиш, яка зараз дуже велика бідність. Зараз дуже важко жити в Україні. Я тільки підтримаю чотири долари в місяць, і Наташа теж дуже мало підтримає. У нас є дуже велика мафія й дуже велика інфляція.

Y: He only cares about his pocket. You can see how much poverty exists here. Now in Ukraine life is very hard. I only earn four dollars a month, and Natasha also earns very little. We also have a very big problem with the mafia and very high inflation.

Н: Нам треба всі овочі посадити у городі.

N: We have to plant everything in our vegetable garden.

Ю: У крамницях нічого нема, або все коштує дуже великі гроші.

Y: Either there is nothing in the stores, or it is all very expensive.

І: Як ти гадаєш що буде, якщо Леонід Кучма попаде президентом?

J: How do you think it would be if Leonid Kuchma became president?

Ю: Я гадаю, що це буде саме. Мені ще треба буде їхати до Польши, чи до Москви щоб заробити трохи більше грошей.

Y: I think that it would be the same. I would still have to go to Poland or to Moscow in order to earn a little more money.

Н: Ми гадаємо що Лановий буде краще.

N: We think that Lanovy would be better.

МАТИ ЮРИ: Лановий добрий чоловік. Він знає що добре для України.

YURA'S M: Lanovy is a man. He knows what is good for

БАТЬКО ЮРИ: Він молодий прогресивний. Він знає, що йому треба робити. Лановий каже, що нам треба все заново будувати. Під час Радянського Союзу, комуняки[1] все розбили.

YURA'S FATHER: He is a young progressive. He knows he what he needs to Lanovy says that we need to rebuild everything. During the time of Soviet rule, the communists destroyed everything.

Ю: Так, але це буде медлено мінятися. Я гадаю, що в Україні буде краще, але не зараз.

Y: Yes, but it will change very slowly. I think that it will get better in Ukraine soon, but not today.

СЛОВНИК

вибір *(m)* вибори *(pl)*	election, choice
виборчий *(adj)*	electoral, campaign
автобіографія *(f)*	autobiography
вирішити *(II)*	to decide, to solve
мінятися *(I)*	to change over time
реформ *(m)*	reform
мафія *(f)*	mafia
сім'я *(f)*	family
майбутнє *(n)*	future
шановний *(adj)*	honorable
депутат *(m)*	deputy
виборець *(m)*	voter
чистота *(f)*	cleanliness
порядок *(m)*	order
земляк *(m)*	countryman
ефективний *(adj)*	effective
правильний *(adj)*	right, correct

---

[1] Комуняк is a derogatory term for communists, especially referring to Soviet era Russians. This slang term, along with others, will be covered in more detail in the lessons covering Ukrainian everyday slang terms.

діло *(n)*	business
кандидат *(m)*	candidate
міський *(adj)*	municipal
власність *(f)*	property, possessions
віддати голос *(irr)*	to cast one's vote
голосувати *(I)*	to vote
боротися *(irr)*	to strive
служба *(f)*	service
звернення *(n)*	appeal
забезпечення *(n)*	security
фінансовий *(adj)*	financial
город *(m)*	vegetable garden

Ідіоми

In the Ukrainian language, there are several idiomatical expressions. For example, the word **великий** literally means *great*; however, in the Ukrainian language it is used as an emphatic term for relating to a very large abstract amount of something.

For example:

Це коштує великі гроші. Meaning: *This is very expensive.* However, this literally translates to: *This costs very great money.*

Там є велика бідність. Meaning: *There is a lot of poverty over there.* However, this literally translates to: *There is great poverty over there.*

Це велика глупість. Meaning: *This is very stupid.* However, this literally translates to: *This is great stupidity.*

ЧИТАННЯ
ВИБОРИ НА УКРАЇНІ У 1994МУ РОЦІ

Зараз ми будемо читати про вибори на Україні, що були на 26го червня 1994го року. Були дуже великі вибори на Україні у цьому році. Найголовніші вибори були вибори президента України. У цих президентичних виборах були три головні кандидати. Ці кандидати були Леонід Кравчук, хто був першим президентом України, Леонід Кучма, хто був депутатом Головної Ради України, і Лановий, хто був молодий прогреисиний. Але Кучма попав президентом. Був також вибори Головної Ради України і міських рад інших міст України. Як ми зараз будемо бачити.

УСІ НА ВИБОРИ!

НАШЕ МАЙБУТНЄ - В НАШИХ РУКАХ!

ДОРОГІ ПОЛТАВЧАНИ!

ЯКЩО ВИ ХОЧЕТЕ,
ЩОБ:

- економіка була важливіша, ніж політика,
- труд давав більше, ніж спекуляція,
- труднівник не став жебраком,
- не було без робіття,
- не було голодних дітей,
- молодь мала майбутнє,
- жінка не була рабинею побуту,
- інвалід і пенсіонер відчували себе шанованими людьми,
- власність стала народною,
- брехня і показуха не взяли гору,
- щоб мудрість здолала політиканство,
- до влади прийшли люди діла,
- влада стала авторитетною,
- наша область розвивалася, -

ВІДДАЙТЕ СВІЙ ГОЛОС ЗА КАНДИДАТА НА ПОСАДУ ГОЛОВИ ОБЛРАДИ

Миколу Івановича ЗАЛУДЯКА.
ЦЕ БУДЕ ВАШ ПРАВИЛЬНИЙ ВИБІР!

ШАНОВНІ ВИБОРЦІ!

Я, Анатолій Кукоба,

кандидат на посаду голови Полтавської,
як громодянин і посадова
особа

БУДУ БОРОТИСЯ

ЗА   справедливі реформи і фінансове забезпечення розвитку Полтави

ЗА   тепло і світло в Ваших домах

ЗА   порядок і чистоту у місті

ЗА   чітку роботу комунальних служб і транспорту

ЗА   доступну і ефективну медичну допомогу і освіту

ЗА   за економичну справедливість приватизації і розподілу матеріальних благ

ЗА   здоров'я матері і дитини, всебічний розвиток особистості

ЗА   майбутнє молоді і добробут кожної полтавської сім'ї

ШАНОВНІ ЗЕМЛЯКИ!

РАЗОМ ВИРІШИМО ПРОБЛЕМИ НАШОГО МІСТА - КРАСУНІ ПОЛТАВИ!

ШАНОВНІ ПОЛТАВЦІ!

Майбутнє України переважним чином визначається науково-технічним проґресом. Тому колектив Полтавського інженерно-будівельного інституту, який очолює доктор технічних наук, академік, голова Ради ректорів Полтавського регіону

ОЛЕКСАНДР ГРИГОРОВИЧ ОНИЩЕНКО,

велику увагу надає підготовці висококваліфікованих інженерних кадрів. Будучим депутатом обласної Ради попередньоео скликання,
О. Г. Онищенко постав питання про перетворення Полтавського інженерно-будівельного інституту в державний технічний університет, який забезпечував би інженерними фахівцями Полтавський регіон.

Підставою для цього стало зроблене:

-зміцнення кадрового забезпечення викладачами вищої кваліфікації (докторів наук, професорів - 22, кандидатів наук, доцентів - 213);
-розширена матеріально-технічна база інституту, збудовані нови навчальні корпуси, гуртожиток, профілакторій, житло для викладачів і співробітників, здійснюється комп'ютерізація навчального процесу та інше;
-всі іногородні студенти, включаючи сімейних, забезпечені житлом.

О.Г. Онищенко вважає за необхідне зосередити свою увагу на вирішенні таких питань:
Олександр Григорович Онищенко - людина творча, енергійна, ділова, спрямована в своїх діях на конкретні результати, про це свідчить увесь досвід його роботи.

Професорсько-викладацький і студентський колектив інженерно-
будівельного інституту закликає вас **26** червня віддати голоси

за

ОЛЕКСАНДРА ГРИГОРОВИЧА ОНИЩЕНКА

ГРАМАТИКА

RUSSOSIZED UKRAINIAN GRAMMAR

Some books that you read, if you pursue your studies in the Ukrainian language, would probably be some books which were published in the "**former**" Ukrainian SSR (Soviet Socialist Republic) of the former Soviet Union. Since these books were published during the Soviet era, the Ukrainian was Russosized to a certain degree. You may wonder why this is called "Russosized Ukrainian." Russosized Ukrainian grammar was basically developed by the communists in a failed attempt to subdue much of the anti-Soviet sentiment among the Ukrainian people. However, this attempt failed because many Ukrainians still considered themselves to be Ukrainian and not Soviet. This feeling was especially strong in the western provinces, such as Halychyna, Hutsul, Kyivshchyna, and the eastern province of Poltavshchyna. During the 1960s and 1970s, this form of Russosized Ukrainian grammar was taught in all of the schools of the Ukrainian SSR. However, now many Ukrainian scholars and linguists are trying to eliminate all of the Russifications from the Ukrainian language; therefore the Ukrainian language is undergoing a major transition in this day and age. I have decided to incorporate this segment of Russosized Ukrainian grammar in this book because there are a lot of books published in the 1950s, 60s, 70s, and 80s with this type of structure.

CHANGES WHICH WERE MADE WITH THE DEVELOPMENT OF RUSSOSIZED UKRAINIAN GRAMMAR

The purpose of Russosizing the Ukrainian grammatical structure was to make the Ukrainian language sound more Russian; hence the Soviet government thought that this would strengthen the Soviet empire. Ukrainian was not the only language within the former Soviet Union to be Russified. All of the central Asian languages, which are not even of a common Slavic base such as Ukrainian, were also Russosized. Many of those languages, which have originally an Urdu-like alphabet, were forced to switch over to the Russian Cyrillic alphabet. Ukrainian, however, never went through this alphabet change because it is an Eastern Slavic language; therefore it already uses the Cyrillic alphabet.

The segment above dealt mainly with what Russosized Ukrainian is. In this segment, you will learn the changes that the Soviets made to attempt to Russosize the Ukrainian language.

You will notice that in many Soviet era books which were written in Ukrainian will never use the letter ґ, which is used mainly in borrowed words. The Soviets decided to totally eliminate the letter ґ and replace it with the letter г. As you have learned in the prechapter, these two characters have two totally different sounds; however the letter г is used the most in the Ukrainian language. Now, of course, many younger Ukrainians who grew up in Ukraine and until recently have been taught in Soviet Ukrainian schools were taught the Russosized Ukrainian grammar instead of the proper Ukrainian grammar. Examples of changes made were such: Чіґаґо would have been spelled Чікаго, the word аґреґат would have been spelled агрегат, and the word прогресивний would have been spelled прогревівний. Due to this, unfortunately, many young Ukrainians do not even know that the letter ґ exists in the Ukrainian language. This, however, was not the only change made in Russosizing the Ukrainian language. These other changes were intended to make Ukrainian words sound Russian. For example, the word вікно would have been changed to вокно; the word стіл would have been changed to стол; the word дзвінка would have been changed to дзвонка; and the word телебачення would have been changed to телевізор. These changes, however, did not sink in, because many older Ukrainians taught the younger ones at home and taught them to preserve the Ukrainian language and culture. On the other hand, some Russosized words have stayed, such as Європа, which was earlier pronounced Европа. However, now people still pronounce it Європа. Remember, though, that this grammatical structure was an artificial grammatical structure that was created by a conquering power and is not the correct Ukrainian grammatical structure. This information has been given to you because some passages of this book will come from Soviet Ukrainian literature, which has this type of structure.

DECLENSIONS OF CARDINAL NUMERALS

In the Ukrainian language, as in all Slavic languages, cardinal numerals are declined as well as the the noun. If you remember the segment on cardinal numerals in Lesson Five, you have only learned the names of those numerals because numeral declensions are often irregular. In this lesson and in Lessons

Thirteen and Fourteen, declensions of cardinal numerals will be covered. This lesson will cover the cardinal numerals один, два, три, and чотири. All the rest will be covered in the next two lessons.

DECLENSION OF ОДИН

case	masculine	feminine	neuter
nominative	один	одна	одне
genitive	одного	одної	одного
dative	одному	одній	одному
accusative	один or одного	одну	одне or одного
instrumental	одним	одною	одним
locative	одному	одній	одному
vocative	один	одна	одне

DECLENSION OF ДВА

case	masculine, neuter	feminine
nominative	два	дві
genitive	двох	двох
dative	двом	двом
accusative	два or двох	дві or двох
instrumental	двомя	двомя
locative	двох	двох
vocative	два	дві

DECLENSION OF ТРИ

nominative	три
genitive	трьох
dative	трьом
accusative	три or трьох
instrumental	трьомя
locative	трьох
vocative	три

DECLENSION OF ЧОТИРИ

nominative	чотири
genitive	чотирьох
dative	чотирьом
accusative	чотири or чотирьох
instrumental	чотирьомя
locative	чотирьох
vocative	чотири

Note that, exept for один and два, all the other cardinal numerals have only one plural gender. You must also remember that, when nouns are declined, either because they follow a specific preposition which governs a specific case or because of their grammatical status, the cardinal numeral must be in the same case as its corresponding noun. Also note that, except for один, all other numerals are *plural*.

Examples:

За двомя зайцями. *Beyond two hares.* Note that here the preposition за, meaning beyond, governs the *instrumental case*. Therefore the numeral as well as the noun must be in the *instrumental case*.

Він має **двох коней**. *He has two horses.* Note that in this sentence there is a verb, **мати**, meaning *to have*. Therefore, if there is a verb, there is some action; hence there has to be a *direct object*. As you learned in Lesson Seven, the direct object is indicated by the *accusative case*. Also note that the noun in this sentence, **коні** meaning horses, is an *animate* noun. Hence, the numeral as well as the noun in this case must be in the *animate form* of the *accusative case*.

Це хата **цих трьох дівчат**. *This is the house of those three girls.* Note that here there is *possession*. As you have learned in Lesson Five, in the Ukrainian language possession is indicated by the *genitive case*. Therefore, the numeral as well as the noun and the article **цей** must be in the *genitive case*.

Вона грала **одну бандуру**. *She played one bandura.* Note that here, as in the second example, we have a verb **грати**; therefore, the noun, which is the *direct object*, as well as the numeral must be in the *accusative case*.

Храм знаходиться за **цими чотирьомя горами**. *The church is located beyond those four hills.* Note that here, as in the first example, the preposition **за** governs the *instrumental case*; therefore the numeral, as well as the noun, must be in the *instrumental case*.

Also remember that nouns after **один** are always in the *nominative singular* and nouns after **два**, **три**, and **чотири** are always in the *nominative plural*, but nouns after **п'ять** and up are always in the *genitive plural*, unless another case is required. *(See the segment on cardinal numerals in Lesson Five.)*

THE DIFFERENCE BETWEEN ЯКЩО AND ЧИ

The two terms **чи** and **якщо** are both used as semi-interrogative or interrogative terms. **Чи** is an interrogative which indicates a question being asked without inquiring "what, who or how" but a simple question asking "is, was, or will." *(See Lesson One.)*

Examples:

Чи будуть вибори на Україні? *Will there be elections in Ukraine?* Note that this question is inquiring about the future. The term **чи** plus the third person conjugation of the verb **бути**, meaning *to be*, is asking what *will* happen in the future.

Мамо, чи ти готуєш обід? *Mother, are you preparing dinner?* Note that here, **чи** plus the second person conjugation of the verb *готувати*, meaning *to prepare, to fix a meal*, but no verb of *"to be"* is used, whereas in English we would use the verb *"to be"* in some sort of form in all of our interrogatives; in Ukrainian the verb *"to be"* is understood. Therefore, the interrogative **чи** in this case will always define this sentence as a question and the verb *"to be"* is only used in the future or the past.

Чи коммуняки були злі люди? *Were the communists bad people?* Notice here that the interrogative **чи** plus the past tense plural of the verb *бути* meaning *to be* indicates the past tense, basically asking *what happened.*

Чи can also mean or. *(See Lesson One.)*

The interrogative **якщо** is usually used in conveying the idea of if.

Examples:

Якщо хочеш, завтра ми можемо пійти до Жінського Монастиря. *If you want, we can go to the convent tomorrow.* Note that here the term **якщо** is still an interrogative because it indicates *"if,"* meaning that one does not know whether the person who is being talked to wants to go or not, but the sentence structure itself is a statement and not a question. Also note that in sentence structures such as this one the interrogative **чи** is *never* used to indicate if. For this purpose the interrogative **якщо** must always be used.

Чи ти знаєш що буде, якщо Кучма попаде президентом? *Do you know what will be if Kuchma becomes president?* Note that both, the interrogative **чи** and the interrogative **якщо**, are used in this sentence. This type of sentence structure is asking a question. Therefore, the interrogative **чи** must be used to indicate that it is a *question.* There is also an *if* involved because it is not known wether Kuchma will be president or not. Therefore, the interrogative **якщо** must also be used.

Я ще не знаю якщо він завтра їде до Польщі, чи до Москви. *I still do not know if he is going to Poland or to Moscow.* Note that this sentence, as in the first example, is a statement and not a question. The interrogative **якщо** still indicates the presence of *if* because it is not known where he is going.

However, the interrogative **чи**, in this case, indicates that there are two possible places where he might go, *Poland or Moscow.*

CONJUGATION OF THE IRREGULAR VERB **БОРОТИСЯ** (to struggle, to strive)

Present tense

я	борю	ми	боремо
ти	бореш	ви	борете
він, вона, воно	боре	вони	борють

Past tense

masculine	я, ти, він боров
feminine	я, ти, вона борола
neuter	воно бороло
plural	ми, ви, вони бороли

ДОМАШНЯ РОБОТА

I. Пишіть повні відповіді на питання про читання.

1. Коли були вибори на Україні? 2. Хто були кандидатами на посаду президента України? 3. Що робив би Лановий, якщо він попав президентом? 4. Чи Кравчук перший президент України? 5. Чи були також вибори головної Ради України? 6. Хто Микола Іванович Залудяк? 7. Він кандидат якої ради? 8. Чи він хоче бути депутатом, чи головою? 9. За що був Микола Іванович Залудяк? 10. За що буде боротися Анатолій Кукоба? 11. Як ви гадаєте, чи він проґресівний? 12. Кукоба кандидат на посаду голови якої міської Ради? 13. Чи Олександр Григорович Онищенко акедемик? 14. Що він думає про майбутнє України?

II. Перекладіть з української мови на англійську.

КАНДИДАТ
у депутати Полтавської міської Ради
по виборчому округу *№* 3

ЗАБИШНИЙ
Василь
Іванович

АВТОБІОГРАФІЯ

Я, Забишний Василь Іванович, народився 15 жовтня, 1950 року в с. Єлизаветівці Диканського району Полтавської області.

Після закінчення 8 класів поступив до Київського будівельного технікуму, закінчив в 1969 році.

Військову службу проходив у будівельних військах Забайкальського військового округу.

У 1971 році пішов працювати в Полтавське управління водопровідно-каналізаційного господарства.

Працював слюсарем, майстром, начальником цеху по ремонті та відновленні водопровідних мереж.

У 1992 році закінчив інженерно-будівельний інститут.

У даний час працюю начальником цеху по ремонті та відовленні водопровідних мереж.

Одружений. Дружіна працює на фармацевтичній фабриці. Маю двох синів.

III. Перекладіть з англійської мови на українську.

CAMPAIGN PROGRAM
OF THE CANDIDATE FOR THE CITY COUNCIL
BASIL IVANOVICH ZABYSHNY

Participants in the election as candidate for deputy of the City Council state before the voters their obligations, such as how they would improve their lives when they are deputy.

Stable jobs, communal enterprises of the city, and the state enterprise,"The Poltava Canal" - are the safeguard of life security of the city layout.

I would place the interests of communal enterprises of the city first and foremost above all else.
- The receiving of economic reforms.
- Restoration of financial schools and institutions of Poltava and bringing forth up to date ideas dealing with privatization.

June 26, 1994 - elections of deputies and heads of the council

---

IV. Складіть ці цифри на свої падежи.
Decline these numerals.

1. один   2. одна   3. одне   4. два   5. дві   6. три   7. чотири

V. Пишіть по-українському малий склад про вибори в Америці.

ЛЕКЦІЯ ТРИНАДЦЯТА   LESSON THIRTEEN

ДІАЛОГ

ДО БАБУСІ	TO GRANDMOTHER'S HOUSE

ІВАН: Юро, чи ми можемо поїхати до твоєї бабусі?

JOHN: Yura, can we go to your grandmother's house?

ЮРА: Так, але я гадаю, що в нас багато часу нема. Нам треба цілий тиждень, тому що вона живе дуже далеко, і нам треба їхати автобусом, але якщо хочеш, можемо їхати.

YURA: Yes, but I don't think that we have that much time. We would need to be there a whole week because lives very far away and we need to take the bus, but if you want, we can go.

І: Чому треба цілий тиждень?

J: Why do we need a whole week?

Ю: Є тільки два автобуси, що туди їдуть у тиждень.

Y: There are only two busses which go there a week.

І: Я гадаю що краще наступний раз, коли в мене більше часу, але я дуже хочу туди їхати. Ти багато писав про твою бабусю, і я хочу її зустрічати.

J: I think that it would be better next time, when I have more time, but I really want to go there. You wrote a lot about your grandmother, and I would like to go there and meet her.

Ю: Жаль, що в тебе так мало часу, бо це дуже гарно де вона живе. Вона живе на селі, і вона має одну дуже гарну хату зі сараєм. Покруги її хатою є гарний сад та город і там дуже гарна природа.*

Y: It's a pity that you have so little time because it's very beautiful where she lives. She lives in the village, and she has a very beautiful house with a barn. Around her house, there is a beautiful garden and vegetable garden. There is very beautiful country over there.

І: Так, це дуже жаль, але мені треба бути у Берліні на 25му червні на день народження моєї бабусі.

J: Yes, it is a real pity, but I have to be there on the 25th of June for my grandmother's birthday.

Ю: Так, але ми можемо поїхати туди через рік, якщо хочеш.

Y: Yes, but we can go there next year if you want.

СЛОВНИК

хата *(f)*	house
село *(n)*	village
сад *(m)*	garden
город *(m)*	vegetable garden
сарай *(m)*	barn, shed
автобус *(m)*	bus
гарний *(adj)*	beautiful
бабуся *(f)*	grandmother
дід *(m)*	grandfather
природа *(f)* *	nature
понад *(+ gen)*	about, around
далеко	far, far away
жаль *(m)*	pity
трактор *(m)*	tractor
колгосп *(m)*	collective farm
селянський *(adj)*	village
рушник *(m)*	towel
сонце *(n)*	sun
при *(+ dat)*	in accordance with
погода *(f)*	weather
гол *(m)*	goal
вчитися (учитися) *(irr)*	to learn
Василь *(m)*	Basil
вчитель (учитель) *(m)*	teacher
їхній	their
платний *(adj)*	costing, not free
урок *(m)*	lesson
навчання *(n)*	education
світ *(m)*	light, world
усміхнутися *(III)*	to smile
ворог *(m)*	enomy
буряк *(m)*	beet
потім	afterwards
молодий *(adj)*	young
рухатися *(I)*	to move, to stir
двір (і/о) *(f)*	door
пенсія *(f)*	pension
здоров'я *(f)*	health
час *(m)*	time
нема *(+ gen)*	no, none

покруги *(+ inst)*   around

Ідіоми

Там є дуже гарна природа. Means *"It is beautiful country over there."* However it literally translates to *"Over there is beautiful nature."*

Хата бабусі Кулика
Рисунок, Юрій Кулик

ЧИТАННЯ

Не злічити скільки горя зазнав за свою багатовікову історію українського народа. Та чи не найбільше випало цих лихоліт на його долю за роки існування колишнього Радянського Союзу. Під прикриттям благопристойних гасел на зразок „Все в ім'я людини!" на справді сама трудова людина була позбавлена прав і свобод, її визискували з усіх сил, експлуатували найдосконалішими методами, принижували людську гідність.

Про це розповідають живі свідки тих подій, про це нині широко пише преса, повідомляють інші засоби масової інформації України, котра стала суверенною і незалежною державою.

Сьогодні ми передруковуємо з газети „Оржиччина" однойменного району, що на Полтавщині, нарис про звичайну українську жінку, доля якої багато в чому типова для селянок усієї країни.

РУШНИКИ ПРИ ЗАХОДІ СОНЦЯ

Невеличка, жваві очиці-тернинки, а біля них промінці зморщок. Припрошує сісти. Хата світиться чистотою. Над покуттям образи. Картини у повені рушників. Мабуть, рідко в кого побачиш нині мисник, але в старикої є. Поруч ґардероб. Супроти стоячок підпирає стелю, ще він править за вишалку. Барометр віщує погоду. Велика селянська піч. Комин. Ліжка. Ось у цьому оточенні доживає віку Варвари Явтухівна Зіненка, одна з найстаріших у Старому Іржавці: Їй понад весьмидесяті років.

Скільки перебачила на своєму віку горя, зазнала людської кривди. І голоду, і холоду. Але не минуло її і добро, не лишило на самоті, не відцуралося. Може, й тому вона шанована в селі, допомагає людям, і найчастіше її просять поглядіти діток. Скільки її пом'ятаю - все вона при ділі, все в клопотах.

А вона пам'ятає себе з шесті років, коли споряджалася пасти вівці на толоці, і мати наказувала берегти худібку, як зіницю ока. Через рік, у дев'ятнадцятому, коли влада мінялася мало не щодня, ходила до школи. Два тижні це тривало.

Постає у спогаді картина: вистелена травою долівка, лава, над нею схилилося дівчатко, аркушик паперу та недогризок хімічного олівця, скріплений ниткою, бо розколовся навпіл. Слинить його і пише, і пише... Далі зринає в пам'яті лихий голодний двадцять перший... Померла матуся. Кличе Варвара Явтухівна з давнини її обличчя, хоч єдиний теплий погляд -і не може.

Двадцять п'ятий. Мазала на вигоні клуню. Схилилася, завальцьовуючи низ, а воно як загурчить! Підвела голову - а над селом таке щось! Аероплан! Казали люди, що то пан Бухтар прилітав подивитися, хто на його землі господарює. Та пан паном, а отака літавка! У цьому ж році вперше побачила й трактора.

Коли зібрали колгосп, батько теж подав заяву. А йому немає колгоспу, куркулське поріддя! Батька посадили в сусідньому селі в холодну, а їх малих, відвезли в степ, у розділ. Там тулилося вісім сім'ей в одній хаті - малі та старі. Ще й до села нема права ходити, „не розкладай дисципліну," а пухни з голоду. Насилу виблагала у вартового папірця, по якому дісталася в Оржицю. Добилася до батька - стоїть змарнілий, щоки позападали, мало не плаче. Попоходила по світу. У колгоспі на роботу не беруть, у Лубнах теж папірця вимагають, що не з куркулів. А хто ж його дасть? Словом, ти приречений на живу смерть. Вийшла в степ, села на шлях у гарячу куряву, підібгала кулаки під шлунок, щоб не так їсти хотілось...

Та, слава Богу, світ не без добрих людей. Давали трохи хліба, картоплину - то й перебивалася так-сяк. Носила й батькові, та йому вже ніщо не було потрібне. Випустили на волю, вийшов на Чайківщину, стомився, присів перепочити - та спочиває і по цей день...

Опісля батькової смерті почав косити тиф. Звалив її й сестру Надію. У лікарні їх урятували, а коли повернулися - назустріч страшна звістка, що від голоду втопився брат.

Згадує Варвара Явтухівна: „Їсти було нічого, така слабкість і байдужість у всьому тілі. Ми зі сестричкою виповземо у двір, уткнемося головами в спориш і їмо. Ноги пухли, полопалися і болять несамовито. Насилу повлазимо знову в хату."

Ось які „цукерки" випали на долю її покоління. Аж не віриться. Пережити всі муки, які тільки є на світі, і лишитися такою доброю, справедливою. Яке ж ти диво доброти, мій український народе!

> Читання від Володя Ручиці.
> с. Старий Іржавець Оржицького району
> Полтавської області.

Це тільки перша частина цього читання. Кінець буде у читанні наступної лекції.

ГРАМАТИКА

DECLENSIONS OF THE NUMERALS П'ЯТЬ ТО ДВАДЦЯТЬ

As was stated in the last lesson, in the Ukrainian language, the cardinal numerals are declined as well as the nouns and adjectives. In the last lesson we covered the numerals один, одна, одне, два, дві, три, and чотири. However, in this lesson we will cover the numerals п'ять, шість, сім, вісім, дев'ять, and десять. We will also be covering the cardinal numerals up to двадцять in this lesson. As you remember, in Lesson Five, the section on cardinal numerals, the number один always requires the corresponding noun to be in the *nominative singular*, whereas the numbers два, три, and чотири require the corresponding noun to be in the *nominative plural*. However, the numbers п'ять and above require the corresponding nouns to be in the *genitive plural*. Also note that compound numerals such as двадцять один, тридцять два, сорок три, and п'ятдесять чотири follow the same rules as for один, два, три, and чотири. However, compound numerals ending in п'ять and up require the noun in the genitive plural. However, when the numbers are declined in case other than the nominative and genitive cases, the corresponding nouns must be in the plural form of the corresponding case with the number. After the charts below, there will be examples of this.

DECLENSION OF THE NUMERAL **П'ЯТЬ**

nominative	п'ять
genitive	п'яти
dative	п'яти
accusative	п'ять or п'яти
instrumental	п'ятьма
locative	п'яти
vocative	п'яти

DECLENSION OF THE NUMERAL **ШІСТЬ**

nominative	шість
genitive	шести
dative	шести
accusative	шість or шести
instrumental	шестюма
locative	шести
vocative	шість

DECLENSION OF THE NUMERAL **СІМ**

nominative	сім
genitive	семи
dative	семи
accusative	сім or семи
instrumental	семома
locative	семи
vocative	сім

173

DECLENSION OF THE NUMERAL **ВІСІМ**

nominative	вісім
genitive	весьми
dative	весьми
accusative	вісім or весьми
instrumental	весьмома
locative	весьми
vocative	вісім

DECLENSION OF THE NUMERAL **ДЕВ'ЯТЬ**

nominative	дев'ять
genitive	дев'яти
dative	дев'яти
accusative	дев'ять or дев'яти
instrumental	дев'ятьма
locative	дев'яти
vocative	дев'ять

DECLENSION OF THE NUMERAL **ДЕСЯТЬ**

nominative	десять
genitive	десяти
dative	десяти
accusative	десять or десяти
instrumental	десятьма
locative	десяти
vocative	десять

DECLENSION OF THE NUMERAL **ОДИНАДЦЯТЬ**

nominative	одиннадцять
genitive	одиннадцяти
dative	одиннадцяти
accusative	одиннадцять ог одиннадцяти
instrumental	одиннадцятьма
locative	одиннадцяти
vocative	одиннадцять

DECLENSION OF **ДВАНАДЦЯТЬ**

nominative	дванадцять
genitive	дванадцяти
dative	дванадцяти
accusative	дванадцять ог дванадцяти
instrumental	дванадцятьма
locative	дванадцяти
vocative	дванадцять

DECLENSION OF THE NUMERAL **ТРИНАДЦЯТЬ**

nominative	тринадцять
genitive	тринадцяти
dative	тринадцяти
accusative	тринадцять ог тринадцяти
instrumental	тринадцятьма
locative	тринадцяти
vocative	тринадцять

DECLENSIONS OF THE NUMERALS ЧОТИРИНАДЦЯТЬ TO ДЕВ'ЯТНАДЦЯТЬ

The numerals чотиринадцять, п'ятнадцять, шістнадцять, сімнадцять, вісімнадцять, and дев'ятнадцять are declined in the same way as the numerals одинадцять, дванадцять, and тринадцять.

DECLENSION OF THE NUMERAL ДВАДЦЯТЬ

nominative	двадцять
genitive	двадцяти
dative	двадцяти
accusative	двадцять or двадцяти
instrumental	двадцятьма
locative	двадцяти
vocative	двадцять

EXAMPLES OF DECLINED NUMERALS AND THEIR CORRESPONDING NOUNS

As was stated earlier, when a numeral is declined into a specific case other than the nominative or the genitive plural, the case of the noun must correspond with the case of that numeral.

For example:

Він жартує з п'ятьма друзями. *He is joking with five friends.* Note that here the numeral *п'ять* is in the *instrumental* case; therefore the corresponding noun must be in the *instrumental* plural.

Їй було понад весьми років. *She was about eight years.* Note that here the numeral *вісім* is in the *genitive* case; therefore the corresponding noun must be in the *genitive* plural. However, nouns following the numerals п'ять and up must all be in the *genitive* plural, whether the numeral is in the nominative or the genitive case. However, if the case of the numeral changes to case other than the nominative or the genitive cases, the case of that noun must also change to correspond with that particular numeral.

Молода дівчина дала екзамен шести вчителям. *The young girl gave the exam to the six teachers.* Note that here the numeral **шість** is in the *dative* case; therefore, the corresponding noun must be in the *dative* plural.

THE PREPOSITIONS OF ПОНАД AND ПОКРУГИ

The preposition of **понад** governs the genitive case and means "around," as in around a particular number, a ballpark figure. This preposition indicates somewhat of an abstraction.

For example:

Цій гарній дівчині *понад* двадцяти років. *This beautiful girl is about 20 years old.* Note that the term *about* in the English translation of this sentence indicates a ballpark figure. This girl may be in her early twenties; however she is *around* twenty. Therefore the preposition **понад** is used.

Понад трьох місяців тому була весна 1994ого року. *About three months ago was the spring of 1994.* Note that here, as in the first example, the preposition **понад** is used to indicate abstraction. This sentence states that, yes, it could have been three months ago that it was spring, but it is again a ballpark figure. Therefore spring was *around* three months ago; therefore the preposition **понад** is used.

The preposition **покруги** governs the instrumental case and means around as in around a concrete object. There has to be something physically present around a particular object.

For example:

Покруги хатою дуже гарний сад. *Around the house is a beautiful garden.* Note that here the garden is *around* the house; therefore the preposition **покруги** is used.

На обід вони сидять *покруги* столом. *At dinner they sit around the table.* Where are they sitting? *Around* the table, of course. Therefore, the preposition **покруги** is used.

Біла стіна стоїть *покруги* монастирем. *A white wall stands around the monastery.* Note that in these three examples, the preposition **покруги** is used and *not* понад.

THE NEGATION НЕМА

The negation **нема** gives meaning to something not there and, like most negations in the Ukrainian language, is governed by the *genitive* case.

Examples:

Нічого нема. *There is nothing here.* This is a general sentence; however, the word "here" is understood.

У крамниці масла нема. *There is no butter in the store.* What is not in the store? Butter. Note that in this sentence, the noun *масло* is negated; therefore it is in the *genitive* case.

У мене ручки нема. *I do not have a pen.* One could also convey the same meaning by saying: **Я не маю ручки.** However, both negations require the noun to be in the *genitive* case.

EUPHONIC RULES

As was briefly touched upon in the Prechapter in the beginning of this book, euphonic rules are set up in certain languages' grammatical structures to make it easier and more comfortable to pronounce words or liaisons in between words. An example is in the English language *an apple* or *a bear*. As English has its euphonic rules dictating that the indefinite article would be *a* before a noun beginning with a consonant sound and *an* before a noun beginning with a vowel sound, Ukrainian also has its euphonic rules. You probably have already noticed that the conjunction *and* in Ukrainian is either і if the first word ends with a consonant sound and the conjoining word begins with a consonant sound or simply if the first word ends in a consonant sound and the conjunction *and* in the Ukrainian language is always й if the first word ends in a vowel sound, even if the conjoining word either begins in a vowel sound or a consonant sound. This also applies to the prepositions у and в. These same euphonic rules also apply to certain words which begin with vowels. You have already learned this with the verb іти. An example of this would be the sentence *Катя йде додому.* Note that Катя ends in a vowel sound; therefore the йде form of the verb is used instead of the іде form of the verb. Another good example would be the sentence *Він іде до школи.* Note that in this case the word Він ends in a consonant sound; therefore the іде form of the verb is used instead of the йде form. These euphonic rules also apply to many words that begin with у/в. A good example of this would be the sentence *Він добрий учитель.* Note that the word добрий ends in a consonant sound;

therefore the *учитель* form of the noun is used instead of the вчитель form of the noun. Another good example would be the sentence *Юлія дуже добра вчителька.* Note that here the word добра ends in a vowel sound; therefore the *вчителька* form is used instead of the учителька form. These kinds of euphonic rules apply to many nouns and verbs beginning with у or в.

CONJUGATION OF THE IRREGULAR VERB **ВЧИТИСЯ (УЧИТИСЯ)** (to learn)

я	вчуся	ми	вчимося
ти	вчишся	ви	вчитеся
він, вона, воно	учиться ог вчиться	вони	вчаться

Notice how the conjugated verbs here correspond with the personal articles. When the personal article ends in a vowel, the verb begins with в and when the article ends in a consonant, the verb begins with у.

ДОМАШНЯ РОБОТА

I. Пишіть повні відповіді на питання про читання.

1. Про який район Полтавської області розповідає це читання? 2. Хто Варвара Явтухівна Зіненко? 3. Скільки їй років? 4. Чи вона одна з найстарших у старому Іржавці? 5. Коли вона вперше бачила трактор? 6. Під якою власть'ю поступала вона у колгосп? 7. Скільки сім'ей жили в одній хаті? 8. Чи беруть роботу на колгоспі? 9. Що згадує Варвара Явтухівна? 10. Як ви гадаєте, чи життя на колгоспі було добре? Так чи ні? Пишіть чому.

II. Перекладіть з української мови на англійську.

1. Щоб їхати до бабусі, нам треба один тиждень, тому що є тільки два автобуси що туди їдуть. 2. Зараз дуже важко жити, тому що у крамниці нічого нема. 3. Я хочу робити піццу, але я не маю сиру. 4. Я маю бандуру, але мені треба всі нові струни і в мене ключку нема. 5. Під час Великої Вічизянної Війни були голод і холод. 6. Сьогодні хліба нема. 7. Де живе бабуся, є дуже гарна природа. 8. Біля хати бабусі є сарай.

III. Перекладіть з англійської мови на українську.

1. During the reign[під час власті] of the Soviet Union, all of the farms in Ukraine were placed under collectives. 2. In one house lived eight families. 3. There is no bread today. 4. Around grandmother's house is a beautiful garden and vegetable garden. 5. Typhoid was an epidemic during the Great Patriotic War against Germany. 6. Barbara Yavtukhivna Zinenka was one of the oldest in the village. 7. She was about 80 years old. 8. On the collective farms were only hunger and cold. 9. It was in 1925, when I first saw a tractor.

IV. Пишіть ці склади по наприкладі.
   Write these sentences according to the example.

Example:
a. У крамниці є хліб.
b. *У крамниці хліба нема.*

1. На полі є картоплі. 2. У мене є ручка. 3. У нього є словник. 4. У бабусі є гарна хата. 5. У неї є дуже великі гроші. 6. На бандурі є струни. 7. У сараї є кози.

V. Положіть ці цифри на свої падежи.
   Decline these numerals

1 (all three genders), 2 (all three genders), 3, 4, 5, 6, 7, 8, 9, 10, 11, 12, 13, 14, 15, 16, 17, 18, 19, 20.

ЛЕКЦІЯ ЧОТИРИНАДЦЯТА

FOURTEENTH LESSON

ДІАЛОГ

ЮРА: Іване, що ти думаєш про розповідь моєї бабусі?

YURA: What did you think of my grandmother's recollections?

ІВАН: Це мені дуже цікавується. Я гадаю, що це було дуже тяжко жити на колгоспі під цими дурними комуняками, але мені цікаво читати як люди пам'ятають різні речі.

JOHN: It interests me very much. I think that it must have been very difficult to live on the collective farm under those stupid communists, but it is very interesting to me to read how people remember different things.

Ю: Так, її дуже цікаво слухати. Ми подивимося, хіба через рік, хіба через два, коли ти приїдеш, ми можемо туди їхати й побалакатися з нею.

Y: Yes, she is very interesting to listen to. We'll see, perhaps in a year, perhaps in two years, when you come again, we can go there and shoot the bull with her.

НАТАША: Юра, я зготуванна. Пійдемо?

HATASHA: Yura, I'm ready. Are we going?

Ю: Іване, сьогодні у театрі є дуже гарний спектакль.

Y: John, today at the theater will be a very beautiful performance.

І: Що це?

J: What is it?

Н: Сьогодні грає та співає Український народний хор Полтавщини імені Гоголя.

H: Today the Ukrainian Folk Chorus of Poltavshchyna named after Hohol will perform.

Після театру

After the theater

Ю: Іване, що ти думаєш про цей спектакл сьогодні вечором?

YU: John, what do you think about this performance this evening?

І: Вони дуже гарно співали, танцювали і грали! Дуже дякую!

J: They sang, danced, and played beautifully! Thank you very much!

ЮРА Й НАТАША: Нема за що.*

YURA & NATASHA: Don't mention it.

I: Мені дуже подобалося,
коли вони співали пісню
„Реве на стогне Дніпр широкий."

J: What I really liked the most
was how they sang and
played the song "Reve Ta
Stohne Dnipr Shyroky."

Ю: Чи ти знаєш хто писав цю
пісню?

YU: Do you know who wrote
this song?

I: Ні, хто?

J: No, who?

Н: Тарас Шевченко писав цю
пісню.

N: Taras Shevchenko[1] wrote
this song.

I: Справді? Він був молодцем...
Він писав поеми, пісні та
малював дуже гарні живописи.

J: Really? He was a genius....
He wrote poems, songs, and
painted beautiful paintings.

Ю: Він великий народний герой
України, тому що він був не
тільки письменик, але також
художник та поет.

YU: He is a great folk hero of
Ukraine because not only
was he a writer but also an
artist and poet.

СЛОВНИК

цікавуватися(I) (+dat)	to be interested
рукопись(m)	manuscript
дурний(adj) (slang)	stupid, foolish
дурень(m) (slang)	fool, idiot
комуняк(m) (slang)	derogatory term for communists.
дивитися(II) (slang)	to take a look, to take a peek, to glance at
побалакатися(I) (slang)	to converse, to "shoot the bull"
художник(m)	artist
Т. Шевченко	T. Shevchenko, Ukrainian writer and artist
театр(m)	theater
спектакль(m)	spectacle, performance

---

[1] Taras Shevchenko was a famous Ukrainian artist and poet. He wrote the lyrics to the song "Reve Ta Stohne Dnipr Shyroky," which has become the second national anthem of Ukraine. This song is included in the Cultural Enrichment segment of this lesson. Taras Shevchenko's work is often difficult to understand; therefore more of his work will be covered in the sequel of this book for intermediate Ukrainian.

хор *(m)*	choir, chorus
витягувати *(I)*	to draw out, to drag out
урок *(m)*	lesson
останій *(adj)*	last
заплатити *(irr)*	to pay for
платний *(adj)*	costing, not free
безплатний *(adj)*	free, not costing anything
навчання *(n)*	education
Черкаси *(pl)*	Cherkasy, a city of Ukraine
сонце *(n)*	sun
починатися *(I)*	to start, to begin
рахуватися *(I)*	to consider, to reckon
доглядати *(I)*	to look after, to oversee
закрити *(irr)* *(perfective)*	to close
закритий *(adj)*	closed
закривати *(I)* *(imperfective)*	to close
порання *(n)*	painstaking work
порання на кухні *(n)*	cookery, cooking
тиф *(m)*	typhoid
продати *(irr)* *(perfective)*	to sell
уважати (вважати) *(I)*	to be careful, to be alert

Ідіоми

*Нема за що. *"Don't mention it."* or *"It was nothing."* Literally translates to: *There is nothing for that.*

ЧИТАННЯ

РУШНИКИ ПРИ ЗАХОДІ СОНЦЯ

ДРУГА ЧАСТИНА

Нарешті запахло хлібом і в їхній хаті. Довірили Варі доглядати групу поросят на сто років. Робота починалася з того, що витягувала з глибочезного колодязя сто відер води, потім варила картоплю, несла самотужки в сарай. А ще ж уроки в лікнепі, то не смій пропустити! Прийде на останій урок голодна, вкрай зморена, обшарпана. На ногах узувачка - самі халявки та якесь рам'я прикривають посинілі, задубілі литки. Руки тремтять, куди їм до краснописання після важкелезних відер.

А вчитель Василь Григорович Рекало відразу ж до дошки викликає. Підведеться, перед очима все пливе, вчителів голос наче аж ген із тієї вулиці долинає: „Зіненко рахуйте!" Та яка ж може бути наука після каторжного порання. Покинула. Присудили виплатити десять карбованців штрафу. Продала мало не остані два пуди жита. Заплатила. Пішла на уроки. День, другий, а далі знову не змогла. Викликали на сільський суд. Народу в клубі сила-силенна. Вирок: два дні примусової праці. Мазала сільраду і свиней доглядала, і знову десять карбованців заплатила. А напровесні лікнеп закрили.

„Добре, хоч і з горем попалам ходила, таки розписатися можу. Хоч, уважай, і платним було моє навчання, та спасибі, що вчили, бо неграмотному гірко на світі жити!" - усміхнулася, та на чоло знову набігла хмарка. Згадала чорне лихоліття війни. Всі, хто був при силі, копали рови. Копала їх і В. Я. Зіненко - і в Горошині, і під Черкасами.

Там у перше побачила німецького літака, як горіли баржі на Дніпрі, відчула, як жаско двигтить від вибіхів землі, як це страшно - бути безсилою перед лихом, перед смертю, коли вся зброя наче цілитися в тебе. Сипнуло і по ній свинцем - біля голови, біля ніг у землю. Та не влучив кат!

Поверталася додому, а перед очима невимірне горе людське. У першому же за Черкасами селі побачила жінку з мертвим немовлям, вбитим фашистською кулею. Незчулася, як добігла додому - там же її синок! Живий, слава Богу!

А далі знову та окопи, в Остапівці копали та прикривали деревом, очеретом. І все. Вже ніхто нікуди не посилав. Запала тиша. Навіть вітру не було.

Коли вороги вступили до Старого Іржавця, заскреготів кулемет і спалахнула машину з червоними зірками на бортах. А вже наступного дня Варвара Явтухівна з односельцями копала дві могили. В одну поклала обгорілі останки, а в другу - зовсім юну дівчину і молодих наших воїнів.

Тоді упала ніч - на душу, на село, на світ. І сонце сходило, і жито росло, а ніч була глибока і чорна. До сорок третього, коли восени промчав селом на коні визволитель. Закіптюжений, утомлений, але прекрасний - наш!

Повернулося життя, повернулася робота. Стала їздовою. Ночами возила від комбайна зерно. Потім - ланка. Ходила за жаткою, в'язала снопи, сапала буряки.

У п'ятдесят восьмому пішла на пенсію. І звичайно ж, не сидить склавши руки. Все чимось клопочеться: вимітає, шкребе, збирає, рівняє. А душа - коло сина Івана - мова йде про її.

Кулика, котрий живе і трудиться в Полтаві журналистом, коло невістких людей і онуків Юрія та Романа.

Наостанок розмови додала: „Була занедужала. Не виходила з хати два дні. Ліки не допомогли, ще погіршало. Ех ні, думаю, це не та хвороба, що лягати, а та що вставати! Підвелася і рухаюся по хаті, по двору, те зроблю, те поправлю - і хворобу в мене як рукою зняло! Значить наше здоров'я - то робота. Ви, молоді, про це не забувайте і житемете довше."

Вийшли з хати. Варвара Явтухівна заходилася знімати випрані рушники, і вже з-за двору я зававжив, як бережно вона бере їх. А майоріли на весняному вітрі, і кожний - наче картина з життя господині. Було їх вісім - чи не на десяток літ її життя? А скільки ж їх у хаті - чи не на кожний рік? А скільки їх ще буде? Аби до сотні і ще й іще...

Заходило сонце, щоб уранці знову зійти і порадіти щойно випраним новим рушникам Варвари Явтухівни.

Волод Ручиця
с. Старий Іржавець Оржицького району Полтавської області.

КУЛЬТУРНЕ ЗБАГАЧУВАННЯ   CULTURAL ENRICHMENT

УКРАЇНСЬКА НАРОДНА ПІСНЯ

„РЕВЕ ТА СТОГНЕ ДНІПР ШИРОКИЙ"
слава Тараса Шевченка

Реве та стогне Дніпр широкий,
Сердитий вітер завива,
-2- Додолу верби гне високі
Горами хвилю підійма.

І білий місяць на ту пору,
Із хмари де - де виглядав,
-2- Неначе човен в синім морі,
То виринав, то потопав.

Ще треті півні не співали,
Ніхто ніде не гомонів.
-2- Сичі в гаю перекликались,
Та ясен раз у раз скрипів.

The lyrics to this song were written by Taras Shevchenko, who was one of, if not the, most famous Ukrainian poets. Later on these lyrics have been adopted by Ukrainians as their informal national anthem, similar to how the Americans have adopted the song "America the Beautiful" as their informal national anthem. Taras Shevchenko, however, was not just a poet and song writer but was also a writer and painter. Taras Shevchenko's passion for Ukraine and her people and culture has never died; therefore the words and wisdom of Taras Shevchenko have never died in the hearts of all Ukrainians.

ГРАМАТИКА

DECLENSIONS OF CARDINAL NUMERALS; FINISHING UP

This section will finish the lesson on numeral declension. This information was saved for last because it is rather complicated and you should know the basic numeral declensions first. *(See lessons twelve and thirteen.)* In lessons twelve and thirteen, you learned the declensions of the numerals один, одна, одне, два, дві, три, чотири, п'ять, шість, сім, вісім, дев'ять, десять, одинадцять, дванадцять, тринадцять, чотирнадцять, п'ятнадцять, шістнадцять, сімнадцять, вісімнадцять, дев'ятнадцять, and двадцять. In this lesson, however, you will learn to decline the numerals from тридцять to мільйон. You will also learn to decline compound numerals *ie.* двадцять один, тридцять п'ять, сто шістдесят вісім.

DECLENSION OF THE NUMERAL ТРИДЦЯТЬ

nominative	тридцять
genitive	тридцяти
dative	тридцяти
accusative	тридцять or тридцяти
instrumental	тридцятьма
locative	тридцяти
vocative	тридцять

DECLENSION OF THE NUMERAL СОРОК

nominative	сорок
genitive	сорока
dative	сорока
accusative	сорок or сорока
instrumental	сорока
locative	сорока
vocative	сорок

DECLENSION OF П'ЯТДЕСЯТ

nominative	п'ятдесят
genitive	п'ятидесяти
dative	п'ятидесяти
accusative	п'ятдесят or п'ятидесяти
instrumental	п'ятидесятьма
locative	п'ятидесяти
vocative	п'ятдесят

DECLENSION OF ШІСТДЕСЯТ

nominative	шістдесят
genitive	шестидесяти
dative	шестидесяти
accusative	шістдесят or шестидесяти
instrumental	шестидесятьма
locative	шестидесяти
vocative	шістдесят

DECLENSION OF THE NUMERAL СІМДЕСЯТ

nominative	сімдесят
genitive	семидесяти
dative	семидесяти
accusative	сімдесят or семидесяти
instrumental	сімидесятьма
locative	семидесяти
vocative	сімдесят

DECLENSION OF ВІСІМДЕСЯТ

nominative	вісімдесят
genitive	весьмидесяти
dative	весьмидесяти
accusative	вісімдесят or весьмидесяти
instrumental	весьмидесятьма
locative	весьмидесяти
vocative	вісімдесят

Note that the numerals п'ятдесят, шістдесят, сімдесят, and вісімдесят both have the ending of the number of ten as well as the ending of the entire numeral change.

DECLENSION OF ДЕВ'ЯНОСТО

nominative	дев'яносто
genitive	дев'яноста
dative	дев'яноста
accusative	дев'яносто or дев'яноста
instrumental	дев'яноста
locative	дев'яноста
vocative	дев'яносто

DECLENSION OF CTO

nominative	сто
genitive	ста
dative	ста
accusative	сто or ста
instrumental	ста
locative	ста
vocative	сто

DECLENSION OF THE NUMERAL ДВІСТІ

nominative	двісті
genitive	двохсот
dative	двомстам
accusative	двісті or двохсот
instrumental	двомястами
locative	двохстах
vocative	двісті

DECLENSION OF THE NUMERAL ТРИСТА

nominative	триста
genitive	трьохсот
dative	трьомстам
accusative	триста or трьохсот
instrumental	трьомястами
locative	трьохстах
vocative	триста

DECLENSION OF THE NUMERAL ЧОТИРИСТА

nominative	чотириста
genitive	чотирьохсот
dative	чотирьомстам
accusative	чотириста or чотирьохсот
instrumental	чотирьомястами
locative	чотирьохстах
vocative	чотириста

DECLENSION OF THE NUMERAL П'ЯТСОТ

nominative	п'ятсот
genitive	п'ятисот
dative	п'ятистам
accusative	п'ятсот or п'ятисот
instrumental	п'ятьмастами
locative	п'ятистах
vocative	п'ятсот

The numerals шістсот to дев'ятсот are declined just like п'ятсот.

DECLENSION OF THE NUMERAL ТИСЯЧА

nominative	тисяча
genitive	тисячі
dative	тисячі
accusative	тисячу
instrumental	тисячою
locative	тисячі
vocative	тисячо

DECLENSION OF THE NUMERAL ДВІ ТИСЯЧІ

nominative	дві тисячі
genitive	двох тисяч
dative	двом тисячам
accusative	дві тисячі ог двох тисяч
instrumental	двома тисячами
locative	двох тисячах
vocative	дві тисячі

DECLENSION OF THE NUMERAL **ТРИ ТИСЯЧІ**

nominative	три тисячі
genitive	трьох тисяч
dative	трьом тисячам
accusative	три тисячі ог трьох тисяч
instrumental	трьомя тисячами
locative	тьох тисячах
vocative	три тисячі

DECLENSION OF THE NUMERAL **ЧОТИРИ ТИСЯЧІ**

nominative	чотири тисячі
genitive	чотирьох тисяч
dative	чотирьом тисячам
accusative	чотири тисячі ог чотирьох тисяч
instrumental	чотирьомя тисячами
locative	чотирьох тисячах
vocative	чотири тисячі

DECLENSION OF THE NUMERAL **П'ЯТЬ ТИСЯЧ**

nominative	п'ять тисяч
genitive	п'яти тисяч
dative	п'яти тисячам
accusative	п'ять тисяч ог п'яти тисяч
instrumental	п'ятьма тисячами
locative	п'яти тисячах
vocative	п'ять тисяч

Note that numerals such as 2,000 or 5,000 are expressed in two words; therefore both words are declined. This also applies to millions. For example, 5,000,000 or 6,000,000 are both expressed in two words. Therefore declensions of 1,000,000, 2,000,000, 3,000,000, 4,000,000, and 5,000,000 will be given. By now you should know the basic numeral declensions.

DECLENSION OF THE NUMERAL МІЛЬЙОН

nominative	мільйон
genitive	мільйону
dative	мільионі
accusative	мільйон or мільйону
instrumental	мільйоном
locative	мільйоні
vocative	мільйон

DECLENSION OF THE NUMERAL ДВА МІЛЬЙОНИ

nominative	два мільйони
genitive	двох мільйонів
dative	двом мільйонам
accusative	два мільйони or двох мільйонів
instrumental	двомя мільйонами
locative	двох мільйонах
vocative	два мільйони

DECLENSION OF THE NUMERAL **ТРИ МІЛЬЙОНИ**

nominative	три мільйони
genitive	трьох мільйонів
dative	трьом мільйонам
accusative	три мільйони ог трьох мільйонів
instrumental	трьома мільйонами
locative	трьох мільйонах
vocative	три мільйони

DECLENSION OF THE NUMERAL **ЧОТИРИ МІЛЬЙОНИ**

nominative	чотири мільйони
genitive	чотирьох мільйонів
dative	чотирьом мільйонам
accusative	чотири мільйони ог чотирьох мільйонів
instrumental	чотирьома мільйонами
locative	чотирьох мільйонах
vocative	чотири мільйони

DECLENSION OF THE NUMERAL **П'ЯТЬ МІЛЬЙОНІВ**

nominative	п'ять мільйонів
genitive	п'яти мільйонів
dative	п'яти мільйонам
accusative	п'ять мільйонів ог п'яти мільйонів
instrumental	п'ятьма мільйонами
locative	п'яти мільйонах
vocative	п'ять мільйонів

DECLENSIONS OF COMPOUND NUMERALS

"What are compound numerals?" you might ask. Compound numerals are numerals such as *twenty-three, forty-five*, or *one hundred and eighty-five*. In a way, the numerals we covered, such as *2,000, 3,000, 4,000*, or *5,000*, are also *compound* numerals. In the Ukrainian grammar, everything determining a noun, whether it be an adjective or a numeral, must all correspond with the case of that particular noun. Perhaps it would be easier for you to see how a compound numeral would be declined. The charts below will show you how a compound numeral is declined. However by now you should already know the declensions of all the numerals and these examples should apply to all compound numerals regardless of how many digits the numeral has.

DECLENSION OF A COMPOUND NUMERAL ENDING IN ONE

case	masculine	feminine	neuter
nominative	двадцять один	двадцять одна	двадцять одне
genitive	двадцяти одного	двадцяти одної	двадцяти одного
dative	двадцяти одному	двадцяти одній	двадцяти одному
accusative	двадцять один or двадцяти одного	двадцять одну	двадцять одне or двадцяти одного
instrumental	двадцятьма одним	двадцятьма одною	двадцятьма одним
locative	двадцяти одному	двадцяти одній	двадцяти одному
vocative	двадцять один	двадцять одна	двадцять одне

DECLENSION OF A COMPOUND NUMERAL ENDING IN TWO

case	masculine and neuter	feminine
nominative	тридцять два	тридцять дві
genitive	тридцяти двох	тридцяти двох
dative	тридцяти двом	тридцяти двом
accusative	тридвять два or тридцяти двох	тридцять дві or тридцяти двох
instrumental	тридцятьма двомя	тридцятьма двомя
locative	тридцяти двох	тридцяти двох
vocative	тридцять два	тридцять дві

DECLENSION OF A COMPOUND NUMERAL ENDING IN EITHER THREE OR FOUR

nominative	сорок три
genitive	сорока трьох
dative	сорока трьом
accusative	сорок три or сорока трьох
instrumental	сорока трьомя
locative	сорока трьох
vocative	сорок три

DECLENSION OF A COMPOUND NUMERAL ENDING IN FIVE OR ABOVE

nominative	п'ятдесят п'ять
genitive	п'ятидесяти д'яти
dative	п'ятидесяти п'яти
accusative	п'ятдесят п'ять ог п'ятидесяти п'яти
instrumental	п'ятидесятьма п'ятьма
locative	п'ятидесяти п'яти
vocative	п'ятдесят п'яти

INTRODUCTION TO UKRAINIAN CONVERSATIONAL SLANG

Ukrainian, like all other languages in the world, has conversational slang. In a normal business situation slang would not be used. Ukrainian conversational slang is basically considered to be informal. If you were in a typical everyday Ukrainian speaking environment, you would probably hear two good friends greeting each other in the street, and you would probably hear something like this *"Добрий день! Як життя?"* Those words are not really slang, but in Poltava the term *"Як життя?"* is commonplace. However, in the west and in the south of Ukraine, other expressions may be used.

Other slang words could be derogatory. One should use care in using these terms. One good example of a derogatory term which many Ukrainians use is the word *комуняк*. The word *комуняк* mainly referes to communists. It would probably be similar to our term *commie*. Many Ukrainians have strong hostile feelings towards the Russians because of the Soviet occupation and oppression of Ukraine. Hence the word *комуняк* could also be used toward Russia.

Other slang terms quite frequently used in idle Ukrainian conversation are words like *дурень* or *дурний*. When many Ukrainians talk about something foolish or stupid, they would use the word *дурний*. However the word *глупий* is the grammatically proper term for stupid or foolish.

You would probably hear other everyday slang terms such as *побалакатися*, to talk or to chat, or *подивитися*, to take a look, a glance. Ukrainian slang is very colorful. However, it is best to learn more the proper structure and grammar of the Ukrainian language. Slang will be covered in greater detail in the sequel of this book.

THE SECOND CONJUGATION VERB ДИВИТИСЯ

Present tense

я	дивлюся	ми	дивимося
ти	дивишся	ви	дивитеся
він, вона, воно	дивиться	вони	дивляться

Past tense

masculine	я, ти, він дивився
feminine	я, ти, вона дивилася
neuter	воно дивилося
plural	ми, ви, вони дивилися

Imperative

singular informal	дивися
singular formal, plural, formal and informal	дивіться

THE IRREGULAR VERB ЗАПЛАТИТИ

Present tense

я	заплату	ми	заплатимо
ти	заплатиш	ви	заплатите
він, вона, воно	заплатить	вони	заплатять

Past tense

masculine	я, ти, він заплатив
feminine	я, ти, вона заплатила
neuter	воно заплатило
plural	ми, ви, вони заплатили

Imperative

| singular informal | заплати |
| singular formal, plural, formal and informal | заплатіть |

THE IRREGULAR VERB ЗАКРИТИ

Present tense

я	закрию	ми	закриємо
ти	закриєш	ви	закриєте
він, вона, воно	закриє	вони	закриють

Past tense

masculine	я, ти, він закрив
feminine	я, ти, вона закрила
neuter	воно закрило
plural	ми, ви, вони закрили

Imperative

| singular informal | закрий |
| singular formal, plural, formal and informal | закрийте |

THE IRREGULAR VERB ПРОДАТИ

Present tense

я	продану	ми	проданемо
ти	проданеш	ви	проданете
він, вона, воно	продане	вони	продануть

Past tense

masculine	я, ти, він продав
feminine	я, ти, вона продала
neuter	воно продало
plural	ми, ви, вони продали

Imperative

singular informal	продай
singular formal, plural formal and informal	продайте

ДОМАШНЯ РОБОТА

I. Пишіть повні відповіді на питання про читання.

1. Яку групу доглядала Варя? 2. Хто Василь Григорович Рекало? 3. За що судили Варю, щоб вона виплатила десять карбованців? 4. Чому Варя знову платила десять карбованців? 5. За що Варвара Явтухівна копала дві могили? 6. Чому Варвара гадала, що упала ніч - на душу, на село, на світ? 7. Що явилося до сорок третього року? 8. Хто були Кулики? 9. Чи Юрій і Роман були їх діти? 10. Як ви гадаєте? Чи життя Варвари Явтухівни було трудне чи легке? Пишіть.

II. Перекладіть з української мови на англійську.

Тарас Шевченко народний герой України. Він не тільки був художником, а також поет та письменник. Його найзначніше творчество слова української народної пісні „Реве та стогне Дніпр широкий." Зараз ця пісня другий народний гімн України. Раніше слова цієї пісні були словами одного поему Кобзару.[2] Кобзар людина, котрий грає на бандурі або на кобзі й каже поеми, легенди, та казки, але він не співає ці стихи. Тарас Шевченко також малював малюнки про Україну та життя українського народу. Тарас Шевченко любив свій рідний край - свою Україну.

III. Перекладіть з англійської мови на українську.

The kobzar is basically a Ukrainian story teller. He usually plays the bandura or kobza while reciting stories, legends, or poems. The stories and legends that kobzars tell vary. These stories usually have a hero, usually a Kozak, who fights off the Turks or the Tatars. Some legends which were probably recited by kobzars were "Marusya Bohuslavka," who was a young girl from a town called Bohuslav. She married a Turkish sultan and adopted the Turkish way of life but did not lose her Ukrainian heart[але вона не потеряла свого українського серця]. She managed to get a key to a Turkish prison and free hundreds of Kozaks every day.

IV. Положіть ці цифри на свої падежи.

30, 40, 50, 60, 70, 80, 90, 100, 200, 300, 400, 500, 600, 700, 800, 900, 1,000, 2,000, 3,000, 1,000,000, 24, 56, 79, 137, 254, 589, 1,239, 5,465,321

V. Пишіть по-українському малий склад про народну літературу вашої культури.

---

[2] A kobzar is someone who recites poems, legends, and stories. He usually accompanies his recitations by playing a specific melody on a bandura or a kobza. A kobza is a string instrument which was originally used by the traveling kobzar. It is a rather large instrument with about twelve strings and a round soundbox.

ЛЕКЦІЯ П'ЯТНАДЦЯТА	FIFTEENTH LESSON

ДІАЛОГ

ВЕЛИКДЕНЬ В УКРАЇНІ	EASTER IN UKRAINE

МАТИ: Ну діти, заспішіть.
Ми сьогодні не хотимо
спізнюватися. Слухайте,
дзвони вже дзвонять.

ГАЛЯ: Чому сьогодні треба
так спішити?

М: Тому що сьогодні
Великдень. День
Воскресіння нашого
Спасителя.

На території храму.
Пасхальний дзвін
та хрестний хід.

ХОР: *співають* Христос
воскрес із мертвих
--- на небеса... З чистим
серцем!

Г: Мамо, коли ми підемо
до храму?

М: Скоро, після хресного
ходу. Зараз мовчи
і слухай.

СВЯЩЕНИК: *Співає* Благос-
лови, владико, нині,
й завжди, і на
віки вічні!

Х: Амінь! Христос воскрес
із мертвих, із
смерті воскрес...

СВ: Христос воскрес!
ВСЕ: Воїстину воскрес!
СВ: Христос воскрес!
ВСЕ: Воїстину воскрес!
СВ: Христос воскрес!

MOTHER: Well, children, hurry up.
We don't want to be late today.
Listen, the bells are
already ringing.

HALYA: Why are we in such
a hurry today?

M: Because today is Easter Sunday.
The day of the resurrection of
our Savior.

On the territory of the church.
The Easter chimes and
procession

CHOIR *Singing*: Christ is risen from
the dead --- into Heaven... With
pure heart!

H: Mom, when are we going into the
church?

M: Soon, after the procession. Now
be quiet and listen.

PRIEST *Singing*: All gracious Eternal
God, Who lives now, always,
for ever and ever!

CH: Amen! Christ is risen from the
dead, from death he is risen....

P: Christ is risen!
ALL: Indeed, He is risen!
P: Christ is risen!
ALL: Indeed, He is risen!
P: Christ is risen!

ВСЕ: Воїстину воскрес!   ALL: Indeed, He is risen!

У храмі   *In church*

Х: Святий Боже...
Святий Крепкі... Святий
Бесмертний... помилуй
нас...

CH: Holy God... Holy Most
Powerful... Holy Everlasting...
Have mercy on us...

СВ: Миром Господу
помолимо!

P: Oh Lord Eternal, we pray to You!

ВСЕ: Господи помилуй!

ALL: Lord have mercy!

Г: Мамо, чому ми все
співаємо Господу
щоб він нас помилував?

H: Mom, why do we all sing to the
Lord to have mercy on us?

М: Тому що, ми завжди
грішимо, і нам треба
його помилування.

M: Because we always sin and we
need his forgiveness.

Після служби   *After mass*

ВОЛОДЯ: Добре, зараз ми
можемо їсти!

VOLODYA: Great, now we can eat!

БАТЬКО: Володю, чи це
тільки що ти
думаєш - їсти?
Я тебе не розумію!
Чи ти знаєш що
сьогодні за день?

FATHER: Volodya, is that all you
think about - eating? I don't
understand you! Do you know
what today is?

В: Так, сьогодні Велик-
день. Є завжди
багато їсти.

V: Yes, today is Easter. There is
always a lot to eat.

Г: Мама каже, що Великдень
Воскресіння нашого
Спасителя Іісуса

H: Mom says that Easter is the
resurrection of our Savior Jesus
Christ.

Б: Ти права Галю. Він
Христа.
помер на хресті,
щоб нас спасти
від наших гріхів.

F: You're right, Halya. He died
on the cross to save us from
our sins.

М: Він помер на хресті на
Страсну п'ятницю і
воскрес на Великдень. Це
чому ця неділя

M: He died on the cross on Good
Friday and rose from the dead
on Easter Sunday. That is why
that Sunday is called the "Great

називається „Великдень."*

В: У школі вчитель
   каже що, в цю неділю Пасха
   Христова, тому що Іісус
   Христос нас спасав
   від наших грехів.
Б: Твій учитель правильно
   казав.* Давай, помолимо
   й поїмо.

Day"*

V: In school the teacher says that
   on that Sunday is the coming
   of Christ because Jesus
   Christ saved us from our
   sins.
F: Your teacher is right. Ok, let's
   say the prayer and eat.

СЛОВНИК

Великдень* *(m)*	Easter
воскрес *(past tense)*	risen
воскресіння *(n)*	resurrection
хрест *(m)*	cross
спаситель *(m)*	savior
померти *(irr)*	to die
хрестний хід *(m)*	procession
дзвін *(m)* дзвони *(pl)*	bell, chime
Іісус Христос *(m)*	Jesus Christ
Тайна вечеря *(f)*	The Last Supper
Велика п'ятниця *(f)*	Good Friday
помилувати *(I)*	to forgive, to have mercy
помилування *(n)*	forgiveness, mercy
храм *(m)*	church, place of worship
писанка *(f)*	pysanka, the traditional Ukrainian Easter egg
кращанка *(f)*	krashchanka, edible Easter egg
квіт *(m)*	flower, blossom
трава *(f)*	grass
щастя *(f)*	happiness, good fortune
веснянка *(f)*	vesnyanka, Ukrainian Easter carols
весна *(f)*	spring

бабка *(f)*		babka, a traditional Ukrainian Easter cake
паска *(f)*		paska, traditional Ukrainian Easter bread
Пасха Христова *(f)*		Resurrection of Christ
ковбаса *(f)*		sausage
кишка *(f)*		blood and buckwheat sausage
служба *(f)*	*here*	mass
священник *(m)*		priest
гріх *(m)*		sin
грішити *(II)*		to sin
спішити *(irr)*		to hurry, to rush
їсти *(irr)*		to eat
молитися *(II)*		to pray
птак *(m)*		bird
курочка *(f)*		chicken
ластівочка *(f)*		swallow
веселий *(adj)*		happy, cheerful
кістка *(f)*		kistka, writing tool used in decorating Ukrainian pysanky
кольор *(m)*	*here*	dye
варити *(II)*		to boil
Православний		Orthodox
Католик *(m)* Католичка *(f)*		Catholic
їда *(f)*		food
свічка *(f)*		candle
вакс *(m)*		wax
спасти *(irr)*		to deliver from
сохранити *(II)*		to save, to restore
свиня *(f)*	*here*	pork
м'ясо *(n)*		meat
молоко *(n)*		milk
шоколяд *(m)*		chocolate
м'ясничний *(adj)*		meat
продукт *(m)*		product
молочний *(adj)*		milk, dairy
сир *(m)*		cheese
Великий піст *(m)*		Lent
Страсний тиждень *(m)*		Holy Week
Великий четвер *(m)*		Holy Thursday

Велика субота *(f)*   Holy Saturday

Ідіоми

Він правильно казав. *He's right.* Literally it means: *He said it correctly.*

Великдень is the term adopted in the Ukrainian language to mean Easter Sunday. However, the word **Великдень** is a contraction for **Великий день**, which means the Great Day. Since Christianity plays an important role in the Ukrainian culture, Easter Sunday, which to all Christians is considerred to be the day of resurrection of Jesus Christ, is the Great, or the most noteworthy, day of the year. This comes from the old roots of the Ukrainian language. In Church Slavonic it is **Великій день нашего Спасителя**.

ЧИТАННЯ

ВЕЛИКДЕНЬ В УКРАЇНІ

У сьомій лекції ми читали про українське Різдво, а зараз ми будемо дивитися як празднують Великдень в Україні. Це дуже гарно, що так багато людей віруют, бо Бог зробив цілий світ, і ми, люди, завжди грішимо, а Бог нас завжди помилує. Бог нас так любить, що Він висилав Свого сина, Іісуса Христа на землю щоб спасти нас. Ітак, Великдень воскресіння нашого Спасителя Іісуса Христа.

На Україні теж святуют Великдень, але якщо ви Православний, ви святуєте Великдень пізніше, ніж Католики. Крім цього, традиції самі. Але всем треба себе готуватися для Великдня. Треба молитися Богу, щоб він помилував нас від наших гріхів. Цей час називається Великий піст. Час Великого поста починає п'ятдесят днів перед великдня якщо ви Православний і сорок днів якщо ви Католик. Коли Великий піст починає, все їсти не можна. Із почання Беликого поста до Великдня не можна їсти м'яса, м'ясничних продуктів, яєць, шоколяду, сиру, та молочних продуктів, і не можна пити молока. Обично, під час Великого поста, багато кількість українців їдят борщ та рибу. Останий тиждень Великого поста називається Страсний тиждень. Страсний тиждень починає із Страсною неділею. Страсна неділя день Іісус Христос приїхав в Єрусалим щоб померти на хресті для наших гріхів. У цьому тижні треба все готувати для Великдня, тому що три остані дні Страсного тижня дуже святі дні і працювати не можна. Ці три дні називаються Великами. Перший день від цих трьох днів Великий четвер. Великий четвер день що Іісус Христос пообідав зі своїми учнями й молився в Гефсеманському саду. Ця вечеря, коли Іісус Христос їв зі своїми учнями називається Тайна бечеря. У цьому вечорі Христос вз'яв хліб і своїм учням казав „Це моє тіло, воно для вас і цілого світу." Потім він вз'яв віно і казав „Це моя кров, вона буде налита для помилування цілого світу." Після Тайної вечері, Іісус пішов до Гефсеманського саду, щоб молитися. Служба Великого четверу йде у вечорі. Друга святий день Велика п'ятниця. Велика п'ятниця день Хрестного ходу Іісуса Христа, та Його смерті на хресті. Служба Великої п'ятниці дуже сумна служба, тому що Іісус Христос помер на хресті. На той день нічого не можна їсти. Велика субота день чекання воскресіння нашого Спасителя. Служба Великої суботи починається пізно ночі, коли священник кричить „Христос воскрес!" Після цього, все стануть весело. Потім є найбільше свято - Великдень. Служба Великдня дуже довго, а дуже гарна.

Але на Великдень українці не тільки ходять до церкви. Після служби, хлопці й дівчата стоять біля храму і співають веснянки. Веснянки пісні, що співають про воскресіння Христа, та про весну. Люди дають інший-іншому писанки. Писанки яйця, що гарно красинні для Великдня. Багато українців сам роблять писанки. щоб робити писанки, треба вакс, одна свічка, й одна кістка. З ваксом і кісткою ви рисуєте на яйці. Потім ви кладите яйце в жовтий кольор. Після цього, цей процес повторяється з помаранжним, червоним, та чорним кольорами. Є теж яйця, що називаються кращанки. Є різниця. Писанок ви не їдите, але кращанки можна їсти. Пасхальний обід дуже повний. Одна типова українська родина їсть свиню, ковбасу, кишку, бабку, паску, та різний хліб. Для мене Різдво й Великдень дуже веселий час року.

KУЛЬТУРНЕ ЗБАГАЧУВАННЯ   CULTURAL ENRICHMENT

УКРАЇНСЬКІ МОЛИТВИ ДЛЯ СТРАСНОГО ТИЖНЯ І ВЕЛИКДНЯ

ТРОПАР[1] ВЕЛИКОГО ЧЕТВЕРА

Є славнії учни
умовеній вечорі
посвіщахуся

ТРОПАР ВЕЛИКОЇ П'ЯТНИЦІ

Благообразний Йосиф
З древа сним
Пречисте тіло Твоє

СПІВАННЯ ВЕЛИКОЇ СУБОТИ

Воскресенні Боже
суди землі
Як Ти наслідиш
во всех мів...

ХРЕСТНИЙ ХІД ВЕЛИКДНЯ

Христос воскрес із мертвих
Смерт'ю смерть пропав
І сущим во гробях
живіт дарував

---

[1]**Тропар** is a type of prayer in the Orthodox Church for specific holy days of the year.

УКРАЇНСЬКІ ВЕСНЯНКИ

ХРИСТОС ВОСКРЕС! РАДІСТЬ З НЕБА

Христос воскрес! Христос воскрес!
Радість з неба ся являє,
Пасха красна днесь вітає,
Радуйтеся щиро нині,
Бог дав щастя всій родині,
Бог дав радість нам з небес,
Христос воскрес! Христос воскрес!

Христос воскрес! Христос воскрес!
Земленька зі сну збудилась,
В трави квіти - замаїлась,
Звір і птичка веселиться,
Миром Божим світ краситься,
Людям Мир дав Бог з небес,
Христос воскрес! Христос воскрес!

ХРИСТОС ВОСКРЕС! ЛІКУЙТЕ НИНІ!

Христос воскрес! Лікуйте нині,
Що в славі з гроба Він повстав,
Кінець приніс земні провині,
І смертію Він смерть поправ,
Великдень той то день чудес,
Христос воскрес! Христос воскрес!
Великдень той то день чудес,
Христос воскрес! Христос воскрес!

Христос воскрес! Хоть людська злоба,
Йому зладнала люту страсть,
Повстав, повстав живий із гробу,
Зборов пекольну вражу власть.
Кінець страдан, кінець всіх сліз,
Христос воскрес! Христос воскрес!
Кінець страдань, кінець всех сліз,
Христос воскрес! Христос воскрес!

ХРИСТОС ВОСКРЕС!
ВОЇСТИНУ ВОСКРЕС!

ГРАМАТИКА

UKRAINIAN CHURCH LANGUAGE

As was covered earlier, in Ukraine there are three major churches. The first one, predominant in Greater Ukraine or Eastern Ukraine, is the Ukrainian Orthodox Church. In the western provinces of Ukraine are the Byzantine and Roman Catholics. The Byzantine Catholic Church always says the mass in Ukrainian; however in the Orthodox Church it may differ. In the Orthodox Church itself, the patriarchs are equal to one another. Therefore the Patriarch of Kiev and all Ukraine is equal to the Patriarch of Moscow and all Russia, the Patriarch of Serbia, the Patriarch of Bulgaria, etc. The main language of the Eastern European Orthodox Church is the old Church Slavonic. In the Kievo Pecherskaya Lavra Monastery in Kiev, which is the residence of the Ukrainian patriarch, the masses are always said in Church Slavonic, but some other Orthodox churches in Ukraine, such as the Cathedral of the Assumption of the Virgin Mary or the Church of Saint Mykola in Poltava, say the masses in Ukrainian. The Ukrainian spoken in Ukrainian liturgy and religious songs, such as Kolyady and Vesnyanky have many Slavonic words in them, or the words were made to sound Ukrainian. One example would be a prayer said more than once, glorifying the Holy Trinity: "Glory to you God, the Father, the Son, and the Holy Spirit, which was, is and will be for ever and ever." In Ukrainian it would be written like this. "Слава тобі Боже, Отцю, і Сину, і Святому Духу, нині, завжди, і на віки вічні. Амінь. Note here, the dative endings are-у instead of -ови. In the Church Slavonic, this prayer would sound like this: Слава тебѣ Боже, Отцу, и Сыну, и Святому Духу, ныни, и всякчасъ, и на вѣки вѣковъ. Аминь.[2] Do not confuse the Slavonic with Ukrainian. This segment was just included to show you a little how the Ukrainian language evolved and how the Slavonic greatly influences the Ukrainian churches. It is assumed that now you should know all the characters in the Ukrainian alphabet by heart and that you would be able to distinguish the Slavonic characters as <u>not</u> being part of the Ukrainian alphabet. More of the Slavonic influence on the Ukrainian language will be covered in greater detail in the more advanced level books.

---

[2]Note that the Slavonic letter ѣ sounds like the Ukrainian letter є and the Slavonic letter ы sounds like the Ukrainian letter и. The Slavonic letter и sounds like the Ukrainian letter і. Do not get them confused. Those Slavonic letters are not part of the Ukrainian alphabet, and the Slavonic letter и does not sound like its Ukrainian counterpart.

THE IRREGULAR VERB **СПІШИТИ**

Present tense

я	спішу	ми	спішимо
ти	спішиш	ви	спішите
він, вона, воно	спішить	вони	спішать

Past tense

masculine	я, ти, він спішив
feminine	я, ти, вона спішила
neuter	воно спішило
plural	ми, ви, вони спішили

Imperative tense

singular informal	спіши
singular formal, plural informal and formal	спішіть

THE IRREGULAR VERB **ЇСТИ**

Present tense

я	їм	ми	їмо
ти	їш	ви	їсте
він, вона, воно	їсть	вони	їдять

Past tense

masculine	я, ти, він їв
feminine	я, ти, вона їла
neuter	воно їло
plural	ми, ви, вони їли

Imperative

singular informal	їж
singular formal, plural formal and informal	їжте

THE IRREGULAR VERB ПОМЕРТИ

Present tense

я	помру	ми	помремо
ти	помреш	ви	помрете
він, вона, воно	помре	вони	помруть

Past tense

masculine	я, ти, він помер
feminine	я, ти, вона померла
neuter	воно померло
plural	ми, ви, вони померли

There is no imperative for this verb

CREATING NOUNS FROM VERBS

In Ukrainian, like in many other languages, a verb can be made into a noun describing an action of that particular verb. In English we also have this type of construction, which is usually the verb taking the ending -ing. In Ukrainian, however, the verb takes the ending of a noun of the third declension neuter. Examples of these kinds of nouns are as follows: **читання** reading, **збагачування** enrichment, **помилування** mercy. The construction is very simple. Just drop the ending from the infinitive and add the the ending -ння. See the diagram on page 211.

DIAGRAM ON HOW TO CONSTRUCT NOUNS FROM VERBS

помилува**ти**	+	-ння	=	помилування
чита**ти**	+	-ння	=	читання
навча**ти**	+	-ння	=	навчання

ДОМАШНЯ РОБОТА

I. Пишіть повні відповіді на питання про читання.

1. Читання цієї лекції про Різдво чи про Великдень? 2. Як називається час 50 днів, якщо ви Православний, чи 40 днів, якщо ви Католик перед Великдня? 3. Чи Страсний тиждень кінець Великого поста? 4. Що треба робити у понеділок, вовторок та середу ? 5. Чому нам треба це робити у ці дні? 6. Чому не можна їсти м'ясничних і молочних продуктів під час Великого поста? 7. Чомч ці три остані дні Страсного тижня дуже святі дні? 8. Що їдять багато українців під час Великого поста? 9. Чи українці роблять писанки на Великдень? 10. Що треба, щоб робити українські писанки?

II. Перекладіть з англійської мови на українську.

Ukrainian Easter is rich in folk customs and traditions. The fact that Ukrainians celebrate Easter means that they are a Christian people and that religion plays an important role in their lives. Before Easter is the Lenten season[Великий піст]. Lent is a time of preparation for Easter. This means fasting, doing good deeds, and the abstinence from meat and dairy products. In the Orthodox Church[Православна церква], Lent begins fifty days before Easter, and in the Catholic Church[Католична церква], Lent begins forty days before Easter. The last week of Lent is known as Holy Week. On Monday, Tuesday, and Wednesday of Holy Week, many Ukrainians are very busy preparing for the Easter festivities. Everything must be prepared by the evening of Wednesday of Holy Week because during Holy Thursday, Good Friday, and Holy Saturday no work can be done. These three days are considered to be the most holy days before Easter Sunday because they recall the Passion of Christ. Easter Sunday is one of the most joyous feasts. After the mass and the blessing of the Easter food baskets, Ukrainian families go to their homes and eat their Easter meal. The main course of the typical Ukrainian Easter meal is the Ukrainian Easter ham[свиня].

III. Перекладіть з української мови на англійську.

Весна дуже гарна пора року. Найкращий час весни Великдень. Всі Християни на світі святують воскресіння Іісуса Христа. Українське містецьтво Великдня дуже гарне - особливо виготовлення писанок. Писанки - яйця, що кращені різними кольорами. Щоб робити писанки треба одну свічку, вакс, кістку та кольори. Перш з ваксом ви рисуєте все, що буде білий. Потім ви кладите яйце у жовтий кольор. Що під ваксом буде білий. Після яйце вз'янно з жовтого кольору, ви бериге кістку, і на свічку грієте кістку, а потім ви рисуєте все, що буде жовтий. Цей процес треба повторяти через різні кольори до найтемнішого кольору - чорний кольор. На писанці є різні мотиви. Риби та хрести знаки Іісуса Христа. Олені та коні знаки багатства. Птаки знаки щастя та кохання. Українські писанки найкраще містецьтво на цілому світі. Люди дають інший-іншому писанки з любов'ю чи з дружбою. Під час Великдня всі веселитяся ітак цей час року дуже веселий час року.

IV. Пишіть по-українському малий склад про Великдень у вашій родині.

GRAMMAR REVIEW

THE ALPHABET

At this level, you should know the Uktainian alphabet from beginning to end. You should already have memorized all the characters of the Ukrainian alphabet and their sounds. If you need any refreshers on the alphabet, look at the prechapter for reference.

READING COMPREHENSION

Read the text below and write complete answers to the questions.

БОРИС АНДРІЙОВИЧ БОГАЄВСЬКІЙ

Борис Андрійович Богаєвській лікар у Полтаві. Вся Полтавщина його знає, і всі знають його милість. Борис Андрійович ходить до церкви кожного тиждень, і він має одну внучку й одного внука - Юлія й Серьожа. Він лікар, але не типовий лікар. Він лікує без ліків. Він каже, що є різні трави, котрі можуть лікувати різні хвороби. На десятого червня, 1994го року, ми з моїми друзями їхали з ним. Він має одну машину - Жигулі. Вона дуже стара машина, але добре роботає. Перш, він нас вез до своєї хати, де ми всі пили березний сік. Борис Андрійович каже, що березний сік лікує язви без операції, але я це не вірю. Можна казати, що березний сік має дуже цікавий смак - трохи як дерево. Потім ми все їхали по лісу. Український ліс дуже гарний. Ми цілу годину були у лісі, коли Борис Андрійович збирав траву. У лісі було дуже багато комарів і вони нас все кусали. Потім ми їхали до степу де є одне мале село. Там на селі жила одна дуже стара бабуся, бо вона дуже хвора була. У неї була інфекція на нозі, і вона була дуже рада коли приїхав Борис Андрійович на допомогу. Зі своїм внуком, Борис Андрійович уз'яв якусь траву від своєї машини і бабусю лікував. Борис Андрійович Богаєвській дуже приємна, добра та цікава людина.

Questions to the text. Be sure to write complete answers in Ukrainian.

1. Хто Борис Андрійович Богаєвській? 2. В якому місті України живе Борис Андрійович? 3. Яку машину має Борис Андрійович? 4. Борис Андрійович лікар. Чи він уживає ліки? 5. Коли ми з моїми друзями поїхали з ним? 6. Що ми пили у нього вдома?

215

7. На думку Бориса Андрійовича, що лікує березний сік?
8. Що було багато у лісі? 9 Що збирає Борис Андрійович у лісі?
10. Скільки годин були ми у лісі? 11. Що смак березного соку?
12. Де було мале село? 13. Кого ми бачили на селі? 14. Чи вона
була молода чи стара? 15. Чи вона радувалася, коли приїхав
Бориса Андрійовича? 16. Чому в неї боліла нога? 17. Яка
людина Борис Андрійович Богаєвській?

TRANSLATING SKILLS

I. Translate from English to Ukrainian.

POLTAVA

Poltava is a city in Eastern Ukraine. The region of Poltava is known as Poltavshchyna and there is a lot of history within the entire region. In the eighteenth century Peter I defeated the king of the Swedes near Poltava. Because of this event, the center of Poltava is marked with the "Monument of Glory," which commemorates Tsar Peter I's victory over the Swedes. In a small town in Poltavshchyna, which is called Dykanka, there was the legendary battle of Prince Igor, who was defeated by the Polevtsians in the early 1600s. This legend also influenced the composer Alexander Borodyn to write his opera <u>Prince Igor</u>. Poltava was also home to many Ukrainian writers. One in particular was Ivan Kotlerevs'ky, who was born in Poltava. Kotlerevs'ky is most famous for his two plays "Natalka Poltavka" and "Eneyida." The house of Ivan Kotlerevs'ky is today the "House Museum of Ivan Kotlerevs'ky," and it is well restored. Other writers who passed time in Poltava were Gogol and Taras Shevchenko. Hence, the main theater in Poltava is called the Gogol State Theater of Poltavshchyna. [Державний театр Полтавщини імені Гоголя] In the past, Poltava was a town with many churches; however, the communists under Lenin and Stalin destroyed many of them. However, the Poltavens never lost their faith. One can see this at the ruins of the Cathedral of the Assumption of the Virgin Mary[Собор Успіння Божої Матері], which is located next to the House Museum of Ivan Kotlerevs'ky. The entire cathedral was destroyed by Stalin, but the bell tower[дзвіниця] still stands today. The base of the bell tower, which used to be the entrance of the cathedral complex, was closed in and converted into a sanctuary and is now the place where the masses are said. Poltava is a wonderful town and a great place to visit.

II. Translate from Ukrainian into English.

НА РИНЦІ

Ви всі знаєте, як легко піти за покупками десь в Америці. У гастрономах і різних крамницях можна все покупити що хочете. Зараз на Україні життя дуже тяжко, й іноди у гастрономі нічого нема. „Що можна робити?" би питав типовий американець. що можна робити? Можна робити як багато українців роблять - піти на ринок. Як в Америці гастроном і універмаг типові в нашому житті, ринок для українців типове життя. На ринці можна все купувати: свіже м'ясо, свіжі молоко, фрукти, овочі, мед та різні речі. Мої друзі у Полтаві завжди ходять на ринок, щоб купити м'ясо, й іноди картоплі - особліво язик. Це значно, що в Америці, якщо можна найти язик, він коштує дуже великі гроші. Десь язик деликатес, але на Україні все їдять язик. Мені дуже подобається язик. У моїх друзів ми так багато язику їли, що ми завжди жартували: „Ми їмо борщ і язик, язик і борщ." Де ми купили язик? Звичайно, на ринці. Але на ринці не тільки їдові продукти, а різні добрі речі, і дешево коштують. Біля ринку є завжди базар. Там же можна купувати книги, взуття та різні домашні продукти. Це дуже цікаво дивитися Український ринок.

CONJUGATION SKILLS

I. Conjugate the following verbs of the first conjugation in the present, past and imperative tenses.

1. читати 2. грати 3. гуляти 4. розмовляти 5. літати 6. кусати
7. поздоровляти 8. мати 9. відкривати 10. закривати
11. давати 12. вставати 13. знати 14. лікувати 15. повторяти
16. рухати 17. руйнувати 18. уважати 19. розуміти
20. працювати 21. співати 22. будувати 23. збагачувати
24. кохати 25. готувати 26. рисувати 27. кінчати
28. телефонувати 29. подорожувати 30. чекати

II. Conjugate the following verbs of the second conjugation in the present, past, and imperative tenses.

1. любити 2. говорити 3. родити 4. їздити 5. робити 6. бачити
7. купити 8. перекладити 9. вірити 10. святити 11. веселити
12. гордити 13. посадити 14. платити 15. ходити 16. ловити

17. славіти 18. носити 19. творити 20. молитися 21. правити
22. перекладити 23. вирішити 24. грішити 25. дурити 26. ворити
27. розмовити

III. Conjugate the following verbs of the third conjugation in the present, past, and imperative tenses.

1. одягнути 2. крикнути 3. повернутися

IV. Conjugate the following irregular verbs in the present, past, and imperative tenses.

1. їсти 2. іти 3. писати 4. плакати 5. боротися 6. їхати
7. нести 8. вести 9. дати 10. продати 11. летити 12. спішити
13. померти 14. класти 15. попасти 16. бути 17. закрити
18. відкрити

V. Conjugate the following reflexive verbs in the present, past, and imperative tenses.

1. подивитися 2. радуватися 3. готуватися 4. молитися
5. побалакатися 6. повернутися 7. вільнуватися 8. вольнутися
9. умиватися 10. знаходитися 11. рождатися
12. подорожуватися

VI. Rewrite the text below and make sure that all the verbs are translated in Ukrainian, and make sure that they are in their proper conjugation and tense. Hint. Look for key words like сьогодні, завтра, or вчора(учора) to decide the proper tense of the verb.

У червні минулого року я *to go* до моїх друзів у Полтаві. Перш, я *to arrive* у Берлін на 17 травня. Я два тижні *to live* у моїх діда й бабусі. На 3 червня мій поїзд *to leave* із Берліну вокзал „Lichtenberg." Поїзд *to travel* через Польшу і Білорусь, а потім 7 годин ранку, 4 червня ми *to arrive* в Заболоття. Це місто на кордоні України. О шостої години вечора поїзд *to arrive* у Київ, де *to wait* мої друзі. Мій друг *to work* в інстітуті у Полтаві, і його жінка *to work* для одної архитектурної фирми. Вони дуже мало *to earn*, і моєму другові завжди треба *to go* до Польщі чи до Москви, щоб *to earn* трохи більше грошей.

DECLINING SKILLS

I. Decline the following nouns of the first declension masculine in all seven cases in singular and plural.

1. стіл 2. стул 3. кіт 4. ринок 5. вояк 6. Козак 7. інстітут
8. літак 9. циган 10. город 11. поїзд 12. храм 13. священник
14. світ 15. кольор 16. кордон 17. дім 18. будинок 19. салат
20. хор 21. Поляк 22. ніж 23. дзвін 24. квіт 25. птак 26. лев
27. словник 28. щоденник 29. тижневик 30. сад 31. рік 32. вітер
33. вечір 34. вибір 35. Січ 36. сік 37. борщ 38. уряд 39. живіт
40. часник

II. Decline the following nouns of the first declension feminine in all seven cases in singular and plural.

1. квартира 2. лампа 3. жінка 4. книга 5. кішка 6. собачка
7. людина 8. хата 9. машина 10. церква 11. нога 12. свічка
13. плитка 14. могила 15. українка 16. писанка 17. ковбаса
18. година 19. дорога 20. хвилина   21. юбка 22. площа
23. держава 24. голова 25. ялинка 26. підлога 27. горілка
28. війна 29. груша 30. драма 31. пошта 32. діброва 33. діва
34. битва 35. молитва 36. кура 37. ручка 38. каша 39. віза
40. країна

III. Decline tthe following nouns of the first declension neuter in all seven cases and in both singular and plural.

1. вікно 2. дерево 3. село 4. гончарство 5. мистецтво 6. перо
7. яйко 8. війско 9. громадянство 10. царство 11. лікарство
12. тайнство 13. молоко 14. м'ясо 15. горло 16. господарство
17. небо 18. міністерство

IV. Decline the following nouns of the second declension masculine in all seven cases in both singular and plural.

1. заєць 2. олівець 3. молодець 4. дурень 5. автомобиль
6. місяць 7. вогонь 8. перець 9. лікар 10. хлопець
11. ведмедь 12. келнер 13. аптекар 14. календар 15. змій
16. сарай 17. трамвай 18. журавель

V. Decline the following nouns of the second declension feminine in all seven cases in both singular and plural.

1. крамниця 2. лікарня 3. колокольня 4. книгарня 5. вулиця
6. кухня 7. башня 8. баня 9. географія 10. міліція 11. історія
12. столиця 13. біологія 14. фотографія 15. мафія 16. галерея
17. етнологія 18. біографія 19. енциклопедія 20. аварія

VI. Decline the following nouns in the second declension neuter in all seven cases in both singular and plural.

1. серце 2. сонце 3. море 4. поле

VII. Decline the following nouns of the third declension (all three genders) in all seven cases in both singular and plural. Indicate the gender of the noun.

1. телебачення 2. батько 3. радість 4. ніч 5. читання
6. глупість 7. збагачування 8. милість 9. кров 10. олень
11. осінь 12. взуття 13. життя 14. піч 15. помилування

VIII. Decline the following hard-stem adjectives in all three genders and plural.

1. гарний 2. добрий 3. червоний 4. дивний 5. цікавий

IX. Decline the following soft-stem adjectives in all three genders and plural.

1. домашній 2. синій 3. третій

X. Decline the following possessive articles in all three genders and plural.

1. мій 2. твій 3. свій 4. їхній

XI. Decline the following numerals.

1. 2. 3. 4. 5. 6. 7. 8. 9. 10. 11. 12. 13. 14. 20. 21. 22. 23. 30. 40. 50. 60. 70. 80. 90. 100. 110. 124. 200. 300. 400. 500. 600. 700. 800. 900. 1,000. 1,250. 2,00. 3,000. 4,000. 5,000. 6,000. 7,000. 8,000. 9,000. 1,000,000.

XII. Indicate which case these prepositions govern.

1. під 2. над 3. покруги 4. за 5. в (у) 6. про 7. проти 8. крім
9. біля 10. коло.

COMPARATIVES AND SUPERLATIVES

Write the comparatives and superlatives of the following adjectives

1. добрий 2. поганий 3. більший 4. гарний 5. пізній

APPENDIX

NOUN DECLENSIONS

NOUNS OF THE FIRST-DECLENSION SINGULAR

case	masculine	feminine	neuter
nominative	карман	книга	село
genitive	карману	книги	села
dative	кармані	книзі	селу
accusative	карман	книгу	село
instrumental	карманом	книгою	селом
locative	кармані	книзі	селі
vocative	кармане	книго	село

Note that inanimate masculine nouns of the first declension take the genitive ending -у and animate masculine nouns of the first declension take the genitive ending -а. All animate masculine nouns of the first declension take the dative ending -ові. Animate masculine and neuter nouns of the first declension take *genitive* endings in the accusative case and inanimate masculine and neuter nouns of the first declension take the *nominative* ending for the accusative case.

NOUNS OF THE FIRST-DECLENSION PLURAL

case	masculine	feminine	neuter
nominative	кармани	книги	села
genitive	карманів	книг	сіл
dative	карманам	книгам	селам
accusative	кармани	книги	села
instrumental	карманами	книгами	селами
locative	карманах	книгах	селах
vocative	кармани	книги	села

Note that animate nouns take the *genitive* ending for the accusative case and inanimate nouns take the *nominative* ending for the accusative case. Nouns of the first declension are generally *hard*-stem nouns.

NOUNS OF THE SECOND-DECLENSION SINGULAR

case	masculine	feminine	neuter
nominative	олівець	крамниця	море
genitive	олівцю	крамниці	моря
dative	олівці	крамниці	морі
accusative	олівець	крамницю	море
instrumental	олівцем	крамницею	морем
locative	олівці	крамниці	морі
vocative	олівче	крамниці	море

Note that inanimate masculine nouns of the second declension take the genitive ending -ю and animate masculine nouns of the second declension take the genitive ending -я. All animate masculine nouns of the second declension take the ending -еві in the dative case. Animate masculine and neuter nouns of the second declension take the *genitive* ending for the accusative case. Inanimate masculine and neuter nouns of the second declension take the nominative ending for the *accusative* case.

NOUNS OF THE SECOND-DECLENSION PLURAL

case	masculine	feminine	neuter
nominative	олівці	крамниці	моря
genitive	олівців	крамниць	мор
dative	олівцям	крамницям	морям
accusative	олівці	крамниці	моря
instrumental	олівцями	крамницями	морями
locative	олівцях	крамницях	морях
vocative	олівці	крамниці	моря

Note that animate nouns of the second declension plural take the *genitive* ending for the accusative case and inanimate nouns take the *nominative* ending for the accusative case.

NOUNS OF THE FIRST-DECLENSION SINGULAR

case	masculine	feminine	neuter
nominative	батько	відомість	читання
genitive	батька	відомості	читання
dative	батькові	відомості	читанню
accusative	батька	відомість	читання
instrumental	батьком	відомост'ю	читанням
locative	батьці	відомості	читанні
vocative	батько	відомість	читання

Note that the masculine nouns of the third declension singular always take the ending
-ові for the dative case. Animate nouns of all genders take the *genitive* ending for the accusative case and inanimate nouns of all genders take the *nominative* ending for the accusative case in the third declension singular and plural.

NOUNS OF THE THIRD-DECLENSION PLURAL

case	masculine	feminine	neuter
nominative	батьки	відомості	читання
genitive	батьків	відомостей	читань
dative	батькам	відомостям	читанням
accusative	батьків	відомості	читання
instrumental	батьками	відомостями	читаннями
locative	батьках	відомостях	читаннях
vocative	батьки	відомості	читання

ADJECTIVE DECLENSIONS

DECLENSIONS OF HARD-STEM ADJECTIVES

case	masculine	feminine	neuter	plural
nominative	гарний	гарна	гарне	гарні
genitive	гарного	гарної	гарного	гарних
dative	гарному	гарній	гарному	гарним
accusative	гарний гарного	гарну	гарне гарного	гарні гарних
instrumental	гарним	гарною	гарним	гарними
locative	гарному	гарній	гарному	гарних
vocative	гарний	гарна	гарне	гарні

DECLENSIONS OF SOFT-STEM ADJECTIVES

case	masculine	feminine	neuter	plural
nominative	домашній	домашня	домашнє	домашні
genitive	домашнь-ого	домашн-еї	домашнь-ого	домашніх
dative	домашнь-ому	домашн-ій	домашнь-ому	домашнім
accusative	домашній домашнь-ого	домашню	домашнє домашнь-ого	домашні домашніх
instrumental	домашн-ім	домашн-ею	домашн-ім	домашн-іми
locative	домашнь-ому	домашн-ій	домашнь-ому	домашніх
vocative	домашній	домашня	домашнє	домашні

Note that adjectives correspond with the nouns which they define. Therefore, if an animate noun*(masculine, neuter, or plural)* is in the accusative case, the adjective must also take the genitive ending for the accusative. Likewise, if an inanimate noun*(masculine, neuter, or plural)* is in the accusative case, the adjective must also take the nominative ending for the accusative case.

DECLENSIONS OF POSSESSIVE ARTICLES

DECLENSION OF МІЙ

case	masculine	feminine	neuter	plural
nominative	мій	моя	моє	мої
genitive	мого	моєї	мого	моїх
dative	моєму	моїй	моєму	моїм
accusative	мій мого	мою	моє мого	мої моїх
instrumental	моїм	моєю	моїм	моїми
locative	моєму	моїй	моєму	моїх
vocative	мій	моя	моє	мої

DECLENSION OF ТВІЙ

case	masculine	feminine	neuter	plural
nominative	твій	твоя	твоє	твої
genitive	твого	твоєї	твого	твоїх
dative	твоєму	твоїй	твоєму	твоїм
accusative	твій твого	твою	твоє твого	твої твоїх
instrumental	твоїм	твоєю	твоїм	твоїми
locative	твоєму	твоїй	твоєму	твоїх
vocative	твій	твоя	твоє	твої

DECLENSION OF СВІЙ

case	masculine	feminine	neuter	plural
nominative	свій	своя	своє	свої
genitive	свого	своєї	свого	своїх
dative	своєму	своїй	своєму	своїм
accusative	свій свого	свою	своє свого	свої своїх
instrumental	своїм	своєю	своїм	своїми
locative	своєму	своїй	своєму	своїх
vocative	свій	своя	своє	свої

DECLENSION OF ЇХНІЙ

case	masculine	feminine	neuter	plural
nominative	їхній	їхня	їхнє	їхні
genitive	їхнього	їхнеї	їхнього	їхніх
dative	їхньому	їхній	їхньому	їхнім
accusative	їхній їхнього	їхню	їхнє їхнього	їхні їхніх
instrumental	їхнім	їхнею	їхній	їхніми
locative	їхньому	їхній	їхньому	їхніх
vocative	їхній	їхня	їхнє	їхні

Його, її, and їх are the genitive forms of their pronouns; therefore they do not decline.

DECLENSIONS OF PRONOUNS

DECLENSION OF ЩО

nominative	що
genitive	чого
dative	чому
accusative	що
instrumental	чим
locative	чому
vocative	що

DECLENSION OF ХТО

nominative	хто
genitive	кого
dative	кому
accusative	кого
instrumental	ким
locative	кому
vocative	хто

DECLENSION OF Я

nominative	я
genitive	мене
dative	мені
accusative	мене
instrumental	мною
locative	мені
vocative	я

DECLENSION OF ТИ

nominative	ти
genitive	тебе
dative	тобі
accusative	тебе
instrumental	тобою
locative	тобі
vocative	ти

DECLENSION OF ВІН AND ВОНО

nominative	він, воно
genitive	його
dative	йому
accusative	його
instrumental	їм
locative	йому
vocative	він, воно

DECLENSION OF **ВОНА**

nominative	вона
genitive	її
dative	їй
accusative	її
instrumental	нею
locative	їй
vocative	вона

DECLENSION OF **МИ**

nominative	ми
genitive	нас
dative	нам
accusative	нас
instrumental	нами
locative	нас
vocative	ми

DECLENSION OF **ВИ**

nominative	ви
genitive	вас
dative	вам
accusative	вас
instrumental	вами
locative	вас
vocative	ви

DECLENSION OF **ВОНИ**

nominative	вони
genitive	їх
dative	їм
accusative	їх
instrumental	ними
locative	їх
vocative	вони

DECLENSION OF **СЕБЕ**

nominative	---------------------
genitive	себе
dative	собі
accusative	себе
instrumental	собою
locative	собі
vocative	----------------------

DECLENSIONS OF CARDINAL NUMERALS

DECLENSION OF THE NUMERAL **ОДИН**

case	masculine	feminine	neuter
nominative	один	одна	одне
genitive	одного	одної	одного
dative	одному	одній	одному
accusative	один одного	одну	одне одного
instrumental	одним	одною	одним
locative	одному	одній	одному
vocative	один	одна	одне

DECLENSION OF THE NUMERAL ДВА

case	masculine and neuter	feminine
nominative	два	дві
genitive	двох	двох
dative	двом	двом
accusative	два двох	дві двох
instrumental	двома	двома
locative	двох	двох
vocative	два	дві

DECLENSION OF THE NUMERAL ТРИ

nominative	три
genitive	трьох
dative	трьом
accusative	три or трьох
instrumental	трьома
locative	трьох
vocative	три

DECLENSION OF THE NUMERAL ЧОТИРИ

nominative	чотири
genitive	чотирьох
dative	чотирьом
accusative	чотири or чотирьох
instrumental	чотирьома
locative	чотирьох
vocative	чотири

DECLENSION OF THE NUMERAL П'ЯТЬ

nominative	п'ять
genitive	п'яти
dative	п'яти
accusative	п'ять or п'яти
instrumental	п'ятьма
locative	п'яти
vocative	п'ять

DECLENSION OF THE NUMERAL ШІСТЬ

nominative	шість
genitive	шести
dative	шести
accusative	шість or шести
instrumental	шестьма
locative	шести
vocative	шість

DECLENSION OF THE NUMERAL СІМ

nominative	сім
genitive	семи
dative	семи
accusative	сім or семи
instrumental	семмома
locative	семи
vocative	сім

DECLENSION OF THE NUMERAL **ВІСІМ**

nominative	вісім
genitive	весьми
dative	весьми
accusative	вісім ог весьми
instrumental	весьмома
locative	весьми
vocative	вісім

DECLENSION OF THE NUMERAL **ДЕВ'ЯТЬ**

nominative	дев'ять
genitive	дев'яти
dative	дев'яти
accusative	дев'ять ог дев'яти
instrumental	дев'ятьма
locative	дев'яти
vocative	дев'ять

DECLENSION OF THE NUMERAL **ДЕСЯТЬ**

nominative	десять
genitive	десяти
dative	десяти
accusative	десять ог десяти
instrumental	десятьма
locative	десяти
vocative	десять

Note that **одиннадцять** to **дев'ятнадцять**, **двадцять**, and **тридцять** are declined like **десять**.

DECLENSION OF THE NUMERAL СОРОК

nominative	сорок
genitive	сорока
dative	сорока
accusative	сорок or сорока
instrumental	сорока
locative	сорока
vocative	сорок

DECLENSION OF THE NUMERAL П'ЯТДЕСЯТ

nominative	п'ятдесят
genitive	п'ятидесяти
dative	п'ятидесяти
accusative	п'ятдесят or п'ятидесяти
instrumental	п'ятидесятьма
locative	п'ятидесяти
vocative	п'ятдесять

The numerals шістдесят to вісімдесят are declined like п'ятдесят.

DECLENSION OF THE NUMERAL ДЕВ'ЯНОСТО

nominative	дев'яносто
genitive	дев'яноста
dative	дев'яноста
accusative	дев'яносто or дев'яноста
instrumental	дев'яноста
locative	дев'яноста
vocative	дев'яносто

DECLENSION OF THE NUMERAL СТО

nominative	сто
genitive	ста
dative	ста
accusative	сто or ста
instrumental	ста
locative	ста
vocative	сто

DECLENSION OF ДВІСТІ

nominative	двісті
genitive	двохсот
dative	двомстам
accusative	двісті or двохсот
instrumental	двомястами
locative	двохстах
vocative	двісті

DECLENSION OF ТРИСТА

nominative	триста
genitive	трьохсот
dative	трьомстам
accusative	триста or трьохсот
instrumental	трьомястами
locative	трьохстах
vocative	триста

The numeral чотириста is declined like триста.

DECLENSION OF THE NUMERAL П'ЯТЬСОТ

nominative	п'ятьсот
genitive	п'ятисот
dative	п'ятистам
accusative	п'ятьсот ог п'ятисот
instrumental	п'ятьмастами
locative	п'ятистах
vocative	п'ятьсот

The numerals шістьсот to дев'ятьсот are declined like п'ятьсот.

DECLENSION OF THE NUMERAL ТИСЯЧА

nominative	тисяча
genitive	тисячі
dative	тисячі
accusative	тисячу
instrumental	тисячою
locative	тисячі
vocative	тисячо

DECLENSION OF THE NUMERAL ДВІ ТИСЯЧІ

nominative	дві тисячі
genitive	двох тисяч
dative	двом тисячам
accusative	дві тисячи ог двох тисяч
instrumental	двома тисячами
locative	двох тисячах
vocative	дві тисячі

DECLENSION OF THE NUMERAL П'ЯТЬ ТИСЯЧ

nominative	п'ять тисяч
genitive	п'яти тисяч
dative	п'яти тисячам
accusative	п'ять тисяч ог п'яти тисяч
instrumental	п'ятьма тисячами
locative	п'яти тисячах
vocative	п'ять тисяч

DECLENSION OF THE NUMERAL МІЛЬЙОН

nominative	мільйон
genitive	мільйону
dative	мільйоні
accusative	мільйон
instrumental	мільйоном
locative	мільйоні
vocative	мільйоне

PREPOSITIONS WHICH GOVERN CASES OTHER THAN THE NOMINATIVE CASE

GENITIVE

до		to, toward
від		from
з		out of
од	*Old Ukrainian*	from
покруги		about, around
біля		near, close to
коло		next to
внутри		inside
майже		roughly about
із-за		from beyond
проти		against, opposed
напроти		across
крім		except
для		for

DATIVE

треба	need, necessary

к	*Old Ukrainian*	to, toward
по		according to
при		as of

ACCUSATIVE

у(в)	into
про	about
за	for
під	under *(motion)*
над	over *(motion)*
через	through
на	onto

INSTRUMENTAL

за	beyond
з	with
під	under *(location)*
над	over *(location)*
між	in between
покруги	around
рядом з	next to

LOCATIVE

| у(в) | in |
| на | on |

VERBS OF THE FIRST CONJUGATION

ENDING IN -АТИ

Present tense

я	читаю	ми	читаємо
ти	читаєш	ви	читаєте
він, вона, воно	читає	вони	читають

Past tense

masculine	я, ти, він читав
feminine	я, ти, вона читала
neuter	воно читало
plural	ми, ви, вони читали

Imperative tense

singular informal	читай
singular formal, plural, formal and informal	читайте

ENDING IN -ЯТИ

Present tense

я	гуляю	ми	гуляємо
ти	гуляєш	ви	гуляєте
він, вона, воно	гуляє	вони	гуляють

Past tense

masculine	я, ти, він гуляв
feminine	я, ти, вона гуляла
neuter	воно гуляло
plural	ми, ви, вони гуляли

Imperative tense

singular informal	гуляй
singular formal, plural formal and informal	гуляйте

ENDING IN -ІТИ

Present tense

я	розумію	ми	розуміємо
ти	розумієш	ви	розумієте
він, вона, воно	розуміє	вони	розуміють

Past tense

masculine	я, ти, він розумів
feminine	я, ти, вона розуміла
neuter	воно розуміло
plural	ми, ви, вони розуміли

Imperative tense

singular informal	розумій
singular formal, plural formal and informal	розумійте

ENDING IN -АВАТИ

Present tense

я	даю	ми	даємо
ти	даєш	ви	даєте
він, вона, воно	дає	вони	дають

Past tense

masculine	я, ти, він давав
feminine	я, ти, вона давала
neuter	воно давало
plural	ми, ви, вони давали

Imperative tense

singular informal	давай
singular formal, plural formal and informal	давайте

ENDING IN -ЮВАТИ OR -УВАТИ

Present tense

я	працюю	ми	прашюємо
ти	працюєш	ви	працюєте
він, вона, воно	прашює	вони	працюють

Past tense

masculine	я, ти, він працював
feminine	я, ти, вона працювала
neuter	воно працювало
plural	ми, ви, вони працювали

Imperative tense

singular informal	працюй
singular formal, plural formal and informal	працюйте

Verbs ending in -**увати** are conjugated like verbs ending in -**ювати**.

VERBS OF THE SECOND CONJUGATION

ENDING IN -**ИТИ**(1)

Present tense

я	говорю	ми	говоримо
ти	говориш	ви	говорите
він, вона, воно	говорить	вони	говорять

Past tense

masculine	я, ти, він говорив
feminine	я, ти, вона говорила
neuter	воно говорило
plural	ми, ви, вони говорили

Imperative tense

singular informal	говори
singular formal, plural formal and informal	говоріть

ENDING IN -**ИТИ**(2)

Present tense

я	роблю	ми	робимо
ти	робиш	ви	робите
він, вона, воно	робить	вони	роблять

Past tense

masculine	я, ти, він робив
feminine	я, ти, вона робила
neuter	воно робило
plural	ми, ви, вони робили

Imperative tense

singular informal	роби
singular formal, plural formal and informal	робіть

ENDING IN -ИТИ

Present tense

я	славлю	ми	славімо
ти	славіш	ви	славіте
він, вона, воно	славіть	вони	славлять

Past tense

masculine	я, ти, він славів
feminine	я, ти, вона славіла
neuter	воно славіло
plural	ми, ви, вони славіли

Imperative tense

singular informal	славі
singular formal, plural formal and informal	славіте

VERBS OF THE THIRD CONJUGATION

Present tense

я	повернуся	ми	повернемося
ти	повернешся	ви	повернетеся
він, вона, воно	повернеться	вони	повернуться

Past tense

masculine	я, ти, він повернувся
feminine	я, ти, вона повернулася
neuter	воно повернулося
plural	ми, ви, вони повернулися

Imperative tense

| singular informal | повернуйся |
| singular formal, plural formal and informal | повернутеся |

CONJUGATION OF IRREGULAR VERBS

ПИСАТИ

Present tense

я	пишу	ми	пишемо
ти	пишеш	ви	пишете
він, вона, воно	пише	вони	пишуть

Past tense

masculine	я, ти, він писав
feminine	я, ти, вона писала
neuter	воно писало
plural	ми, ви, вони писали

Imperative tense

| singular informal | пиши |
| singular formal, plural formal and informal | пишіть |

ЇСТИ

Present tense

я	їм	ми	їмо
ти	їш	ви	їсте
він, вона, воно	їсть	вони	їдять

Past tense

masculine	я, ти, він їв
feminine	я, ти, вона їла
neuter	воно їло
plural	ми, ви, вони їли

Imperative tense

singular informal	їж
singular formal, plural formal and informal	їжте

БОРОТИСЯ

Present tense

я	борюся	ми	боремося
ти	борешся	ви	боретеся
він, вона, воно	бореться	вони	борються

Past tense

masculine	я, ти, він боровся
feminine	я, ти, вона боролася
neuter	воно боролося
plural	ми, ви, вони боролися

Imperative tense

singular informal	борися
singular formal, plural formal and informal	борітеся

ПОМЕРТИ

Present tense

я	помру	ми	помремо
ти	помреш	ви	помрете
він, вона, воно	помре	вони	помруть

Past tense

masculine	я, ти, він помер
feminine	я, ти, вона померла
neuter	воно померло
plural	ми, ви, вони померли

СПІШИТИ

Present tense

я	спішу	ми	спішемо
ти	спішиш	ви	спішете
він, вона, воно	спішить	вони	спішать

Past tense

masculine	я, ти, він спішав
feminine	я, ти, вона спішала
neuter	воно спішала
plural	ми, ви, вони спішали

Imperative tense

singular informal	спіши
singular formal, plural formal and informal	спішіть

СПАТИ

Present tense

я	сплю	ми	спимо
ти	спиш	ви	спите
він, вона, воно	спить	вони	сплять

Past tense

masculine	я, ти, він спав
feminine	я, ти, вона спала
neuter	воно спало
plural	ми, ви, вони спали

Imperative tense

singular informal	спи
singular formal, plural formal and informal	спіть

ДАТИ

Present tense

я	дану	ми	данемо
ти	данеш	ви	данете
він, вона, воно	дане	вони	дануть

Past tense

masculine	я, ти, він дав
feminine	я, ти, вона дала
neuter	воно дало
plural	ми, ви, вони дали

Imperative tense

singular informal	дай
singular formal, plural formal and informal	дайте

ПОПАСТИ

Present tense

я	попаду	ми	попадемо
ти	попадеш	ви	попадете
він, вона, воно	попаде	вони	попадуть

Past tense

masculine	я, ти, він попав
feminine	я, ти, вона попала
neuter	воно попало
plural	ми, ви, вони попали

Imperative tense

singular informal	попади
singular formal, plural formal and informal	попадіть

КЛАСТИ

Present tense

я	кладу	ми	кладемо
ти	кладеш	ви	кладете
він, вона, воно	кладе	вони	кладуть

Past tense

masculine	я, ти, він клав
feminine	я, ти, вона клала
neuter	воно клало
plural	ми, ви, вони клали

Imperative tense

singular informal	клади
singular formal, plural formal and informal	кладіть

БУТИ

Future compound + infinitive of imperfective verb

я	буду	ми	будемо
ти	будеш	ви	будете
він, вона, воно	буде	вони	будуть

Past tense

masculine	я, ти, він був
feminine	я, ти, вона була
neuter	воно було
plural	ми, ви, вони були

Imperative

singular informal	будь
singular formal, plural formal and informal	будьте

ПИТИ

Present tense

я	п'ю	ми	п'ємо
ти	п'єш	ви	п'ете
він, вона, воно	п'є	вони	п'ють

Past tense

masculine	я, ти, він пив
feminine	я, ти вона пила
neuter	воно пило
plural	ми, ви, вони пили

Imperative

singular informal	пий
singular formal, plural formal and informal	пийть

БИТИ

Present tense

я	б'ю	ми	б'ємо
ти	б'єш	ви	б'єте
він, вона, воно	б'є	вони	б'ють

Past tense

masculine	я, ти, він бив
feminine	я, ти, вона била
neuter	воно било
plural	ми, ви, вони били

Imperative tense

singular informal	бий
singular formal, plural formal and informal	бийть

ЇХАТИ

Present tense

я	їду	ми	їдемо
ти	їдеш	ви	їдете
він, вона, воно	їде	вони	їдуть

Past tense

masculine	я, ти, він їхав
feminine	я, ти, вона їхала
neuter	воно їхало
plural	ми, ви, вони їхали

Imperative tense

singular informal	їзжай
singular formal, plural formal and informal	їзжайте

ІТИ (ЙТИ)

Present tense

я	йду (іде)	ми	йдемо (ідемо)
ти	йдеш (ідеш)	ви	йдете (ідете)
він, вона, воно	іде (йде)	вони	йдуть (ідуть)

Past tense

masculine	я, ти, він ішов (йшов)
feminine	я, ти, вона йшла (ішла)
neuter	воно йшло (ішло)
plural	ми, ви, вони йшли (ішли)

Imperative tense

singular informal	іди (йди)
singular formal, plural formal and informal	ідіть (йдіть)

ЖИТИ

Present tense

я	живу	ми	живемо
ти	живеш	ви	живете
він, вона, воно	живе	вони	живуть

Past tense

masculine	я, ти, він жив
feminine	я, ти, вона жила
neuter	воно жило
plural	ми, ви, вони жили

Imperative tense

singular informal	живи
singular formal, plural formal and informal	живіть

УКРАЇНСЬКО - АНГЛІЙСЬКИЙ СЛОВНИК

UKRAINIAN - ENGLISH GLOSSARY

a	but, and
або	either
аварія *(f)*	accident
авіація *(f)*	aviation
Австрія *(f)*	Austria
автомобіль *(m)*	car, automobile
автор *(m)*	author
аґрарний *(adj)*	agrarian
аґреґат *(m)*	agrogate
адреса *(f)*	address
аеродром *(m)*	airport
аероплан *(m)*	airplane
академія *(f)*	academy
академічний *(adj)*	academic
акт *(m)*	act
актор *(m)*	actor
актриса *(f)*	actress
акціонер *(m)*	auctioneer
акцент *(m)*	accent
але	but
алфавіт *(m)*	alphabet
альбом *(m)*	album
Америка *(f)*	America
американець *(m)*	American
американка *(f)*	American
американський *(adj)*	American
Англія *(f)*	England
англійський *(adj)*	English
ансамбль *(m)*	ensemble
апарат *(m)*	apparatus
апелювати *(I)*	to appeal
апетит *(m)*	appetite
апостроф *(m)*	apostrophe
аптека *(f)*	pharmacy
аптекар *(m)*	pharmacist
арешт *(m)*	arrest
арештувати (заарештувати) *(I)*	to arrest
армія *(f)*	army
артист *(m)*	opera singer
архів *(m)*	archive

генерал(m)	general
генеральний(adj)	general
геній(m)	genius
географія(f)	geography
герой(m)	hero
гірше	worse
гідність(f)	value
гірський(adj)	mountain
Гітлер(m)	Hitler
гітлерівський(adj)	Nazi
глибина(f)	depth
глибокий(adj)	deep, profound
говорити(II)	to talk, speak
Гоголь(m)	Gogol, Ukrainian author
гол(m)	goal
голова(f)	head
головний(adj)	top, main
голити(II)	to shave
голос(m)	voice
голосний(adj)	loud
голод(m)	hunger, famine
голодний(adj)	hungry
голуба(f)	dove, pigeon
голубий(adj)	sky blue
гомін(m)	echo
гончар(m)	potter
гончарний(adj)	ceramic
гончарство(n)	pottery
гопак(m)	Hopak, Ukrainian folk dance
гора(f)	mountain
горити(II)	to boil, to heat
горілка(f)	horilka, Ukrainian beet vodka
горло(n)	throat
город(m)	vegetable garden
горожа(f)	fence
господа(f)	household
господар(m)	master
господарство(n)	agriculture

готовий *(adj)*	ready, prepared
готувати *(I)*	to prepare, to cook
гра *(f)*	toy, game
граматика *(f)*	grammar
грати *(I)*	to play
грамофон *(m)*	record player
гриб *(m)*	mushroom, fungus
грип *(m)*	flu, influenza
гріх *(m)*	sin
гріш *(m)*	fault
грішний *(adj)*	sinful
гроза *(f)*	thunderstorm
грім *(m)*	thunder
громадянин *(m)*	citizen
громадянський *(adj)*	citizen, civil
громадянство *(n)*	citizenship
гроші *(pl)*	money
грубний *(adj)*	vulgar
грубно	vulgarly
грудень *(m)*	December
грудь *(f)*	breast
гуляти *(I)*	to stroll, to take a walk
гумор *(m)*	humor
гуска *(f)*	goose

Ґ

ґід *(m)*	guide
Ґрінбей *(m) (not declined)*	Green Bay

Д

давати *(I)*	to give
дати *(irr)*	to give
давній *(adj)*	ancient
давно	long time
Данія *(f)*	Denmark
дача *(f)*	dacha, summer house

два	two
двадцять	twenty
дванадцять	twelve
двір (f)	door
двісті	two hundred
двічі	twice
де	where
дебіт (m)	debt
дев'яностий	ninetieth
дев'яносто	ninety
дев'ятий	ninth
дев'ять	nine
дев'ятьсот	nine hundred
декорація (f)	decoration
декоративний (adj)	decorative
демократ (m)	democrat
демократія (f)	democracy
де-небудь	somewhere
день (m)	day
депутат (m)	deputy
дерево (n)	wood, tree
дерев'яний (adj)	wood, wooden
держава (f)	state
державний (adj)	state
держати (irr)	to hold
десятий	tenth
десять	ten
десь ~~some where~~	here
дешевший (adj)	cheap
дзвін (m)	bell
дзвінка (f)	doorbell, phone call
дивитися (II) (slang)	to look, to glance
дивний (adj)	strange, mysterious
дивно	mysteriously
директор (m)	director, manager
дитина (f)	child
дициплина (f)	discipline
діаграма (f)	diagram
діалог (m)	dialogue
діброва (f)	grove

діва (f)	virgin
дівчина (f)	girl
дід (m)	grandfather
Дідух (m)	Didukh, Ukrainian Christmas decoration
дім (m)	house
діти (pl)	children
для (+gen)	for
до (+gen)	to, toward
добрий (adj)	good
добре (adv)	good, well
довгий (adj)	long
довго (adv)	long
довідник (m)	reference book
довше	longer
додому	homeward
дозвіл (m)	permit, permission
дозволяти (I)	to give permission
доктор (m)	doctor
документ (m)	document
долина (f)	valley
домашній (adj)	home
домбра (f)	dombra, a folk instrument
Донбас (m)	Donbas, region of Ukraine
допомігати (I)	to help
допомога (f)	help
дорога (f)	road
дорогий (adj)	expensive, dear
дороже	more expensive
доска (f)	chalk board
дочка (f)	daughter
дощ (m)	rain
драма (f)	play, drama
драматичний (adj)	dramatic
драматург (m)	playwright
друг (m)	friend, pal

другий	second
дружба (f)	friendship
дружіна (f)	wife
дружний (adj)	friendly
друкувати (I)	to print, publish
друкування (n)	printing
дуб (m)	oak tree
дуже	very
думка (f)	thought
дурень (m) (slang)	fool, idiot
дурити (II)	to be stupid, foolish
дурний (adj) (slang)	stupid, foolish
дух (m)	spirit

Е

евакуація (f)	evacuation
еволюція (f)	evolution
екіпаж (m)	vehicle
економіка (f)	economy
економічний (adj)	economic
екстер'єр (m)	exterior
електрика (f)	electricity
електричка (f)	electric train
електричний (adj)	electric
електростанція (f)	power plant
Енеїда (f)	Eneyida, play by I. Kotlerevsky
енергійний (adj)	energetic
енергія (f)	energy
Ермітаж (m)	Hermitage
Естонія (f)	Estonia
естонський (adj)	Estonian
етаж (m)	floor, story
етикет (m)	etiquette
етнічний (adj)	ethnic
етнографія (f)	ethnography
ефект (m)	effect
ефективний (adj)	effective
ешелон (m)	echelon

Є

є	there is
євангеліє *(n)*	evangelism
євангеліст *(m)*	evangelist
Євгеній *(m)*	Eugene
єврей *(m)*	Jew
єврейка *(f)*	Jew
єврейський *(adj)*	Jewish
Європа *(f)*	Europe
європеєць *(m)*	European
європейський *(adj)*	European
єдиний *(adj)*	united
єднання *(n)*	unity
єпіскоп *(m)*	bishop
Єрусалим *(m)*	Jerusalem

Ж

ж (же)	even *(emphatic)*
жаба *(f)*	frog, toad
жадний *(adj)*	greedy, selfish
жадність *(f)*	greed
жадувати *(I)*	to be greedy
жаліти *(I)*	to have pity
жалітися *(I)*	to pity oneself
жаль *(m)*	pity, sorrow
жар *(m)*	heat, fever
жаркий *(adj)*	hot
жарко	hot *(weather)*
жарт *(m)*	joke, prank
жартувати *(I)*	to joke, prank
Женева *(f)*	Geneva
живий *(adj)*	living
жити *(irr)*	to live
життя *(n)*	life
жінка *(f)*	wife
жінщина *(f)*	woman
жовтень *(m)*	October
жовтий *(adj)*	yellow
жовтуха *(f)*	hepatitis, jaundice

журавель*(m)*	crane
журнал*(m)*	magazine
жучок*(m)*	wood carver

З

з(зі)*(+gen)*	from
з(зі)*(+inst)*	with
за*(+acc)*	for, in support of
за*(+inst)*	beyond
заарештувати*(I)*	to arrest
забувати*(I)* *(imperfective)*	to forget
забути*(irr)* *(perfective)*	to forget
завжди	always
завтра	tomorow
засміхатися*(I)*	to laugh
зав'язка*(f)*	string
задавати*(I)*	to ask *(a question)*
задати*(irr)*	to ask *(a question)*
зайти*(irr)*	to drop in
закон*(m)*	law
закривати*(I)*	to close
закрити*(irr)*	to close
зараз	now
захід*(m)*	west
західний*(adj)*	western
заявка*(f)*	demand, declaration
заявляти*(I)*	to declare
збагачування*(n)*	enrichment
збагачувати*(I)*	to enrich
збирати*(I)*	to collect
зброя*(f)*	weapon, arm
звичайно	of course
звір*(m)*	animal
здоров'я*(n)*	health
зима*(f)*	winter
зірка*(f)*	star
злий*(adj)*	mean, evil

знак (m)	sign, signal
знімати (I)	to film, to rent, to remove
знати (I)	to know
знову (знов)	again
знаходитися (II)	to be located
зустрічати (I)	to meet

І

і (й)	and
ідея (f)	idea
ідіом (m)	idiom
іти (йти) (irr)	to go (on foot)
із-за (+ gen)	out from beyond
ім'я (n)	name
інвалід (m)	invalid, cripple
Індія (f)	India
індійський (adj)	Indian
іноди	sometimes
інститут (m)	institute
інший	other
Ірландія (f)	Ireland
ірландський (adj)	Irish
Іспанія (f)	Spain
іспанець (m)	Spaniard
іспанський (adj)	Spanish
історія (f)	history
історічний (adj)	historical
Італія (f)	Italy
італ'янець (m)	Italian
італ'янський (adj)	Italian
іудейський (adj)	Hebrew

Ї

їда (f)	food
їдальня (f)	dining room
їжджати (I)	to drive
їздити (irr)	to drive
її	her, hers
їсти (irr)	to eat

магнітофон *(m)*	tape player
майже *(+ gen)*	almost, roughly
майстер *(m)*	master, maestro
макет *(m)*	maquette, model
малий *(adj)*	small, little
мало *(+ gen)*	little, few
малювати *(I)*	to paint
малюнок *(m)*	painting
масло *(n)*	butter
мати *(f)*	mother
мати *(I)*	to have
матеріал *(m)*	material
матеріальний *(adj)*	material
машина *(f)*	machine, car
машинка *(f)*	typewriter
меблі *(pl)*	furniture
мед *(m)*	honey
межа *(f)*	boundary
мертвий *(adj)*	dead
металург *(m)*	metallurgist
металургія *(f)*	metallurgy
мешкати *(I)*	to reside
мивати *(I)*	to wash
мимо *(+ gen)*	past
минулий *(adj)*	last (time)
мистецтво *(n)*	art
мігти *(irr)*	to be able
мій	my, mine
між *(+ instr)*	between
міжнародний *(adj)*	international
міліція *(f)*	militia, police
мільйон	million
міністерство *(n)*	ministry
міняти *(I)*	to change
міст *(m)*	bridge
місто *(n)*	city, town
місце *(n)*	place, location
міський *(adj)*	urban
мова *(f)*	language
мовчання *(n)*	silence
мовчати *(I)*	to shut up
могила *(f)*	grave, tomb

мода (f)	mode, fashion
можна	is possible
молитися (II)	to pray
молитва (f)	prayer
молодець (m)	clever fellow
молодий (adj)	young
молодість (f)	youth
молодший	younger
молот (m)	hammer
море (n)	sea
морський (adj)	maritime
музей (m)	museum
мука (f)	flour
м'який (adj)	soft
м'ясничний (adj)	meat
м'ясо (n)	meat

Н

на (+acc)	onto
на (+loc)	on
навчання (n)	education
навчати (I)	to teach
навчатися (I)	to learn
нагору	upward, upstairs
нагорі	upstairs
над (+acc)	over (motion)
над (+instr)	over (location)
надія (f)	hope
надіятися (irr)	to hope
назад	behind, backward
найбільше	biggest
найкраще	best
найменше	smallest
належати (I)	to belong
належний (adj)	dependent
напад (m)	invasion, attack
нападати (I)	to invade, to attack
напроти (+gen)	across
нафта (f)	oil, petroleum
нація (f)	nation

національний *(adj)*	national
не	not
небезпечний *(adj)*	dangerous
небезпечність *(f)*	danger
небесний *(adj)*	heavenly
небо *(n)*	sky, heaven
незалежний *(adj)*	independent
незалежність *(f)*	independence
незначний *(adj)*	unknown
нема *(+ gen)*	none
нести *(irr)*	to carry
нижній *(adj)*	lower
ні	no
ніж *(m)*	knife
ніж *(+ nom)*	than
німець *(m)*	German
німецький *(adj)*	German
німка *(f)*	German
Німечина *(f)*	Germany
ніхто	noone, nobody
ніч *(f)*	night
нічого	nothing
новий *(adj)*	new
новина *(f)*	news
нога *(f)*	foot, leg
номер *(m)*	number
носити *(II)*	to carry
носильник *(m)*	porter
нюх *(m)*	smell
нюхати *(I)*	to smell

О

о *(+ dat)*	at
об'єднаний *(adj)*	united
об'єкт *(m)*	object
обід *(m)*	dinner
овочі *(pl)*	vegetables
од *(+ gen) (old Ukrainian)*	from
один	one
одружувати *(I)*	to get married

Олесь *(m)*	Oles, Ukrainian boy's name
опера *(f)*	opera
операція *(f)*	operation
organізація *(f)*	organization
осінь *(f)*	autumn
основа *(f)*	base, foundation
основний *(adj)*	basic, fundamental
очі *(pl)*	eyes

П

погода *(f)*	weather
падати *(I)*	to fall
пакет *(m)*	package
палець *(m)*	finger
пам'ятати *(I)*	to remember
пам'ятний *(adj)*	memorable
пам'ятник *(m)*	memorial
пан *(m)*	sir, master
пантофлі *(pl)*	house slippers
пара *(f)*	pair
пейзаж *(m)*	landscape
перед *(+instr)*	in front of
переклад *(m)*	translation
перекласти *(irr)*	to translate
перемога *(f)*	victory
перш	at first
перший	first
п'єса *(f)*	play
писати *(irr)*	to write
питання *(n)*	question
питати *(I)*	to ask
пити *(irr)*	to drink
південний *(adj)*	southern
південь *(m)*	south
південь	high noon
північ *(f)*	north
північ	midnight
північний *(adj)*	northern
під *(+acc)*	under *(motion)*

під (+ *instr*)	under *(location)*
підпись (f)	signature, prescription
підручник (m)	textbook
пілот (m)	pilot
після (+ *gen*)	after
пісня (f)	song
план (m)	plan
платити (II)	to pay
платний (adj)	costing, not free
платформа (f)	platform
по (+ *dat*)	according
повний (adj)	full
пожежа (f)	fire
пожежник (m)	fireman
поїзд (m)	train
поїздка (f)	trip
Полтава (f)	Poltava, city in Ukraine
полтавка (f)	girl from Poltava
полтавський (adj)	Poltavan
полтавчанин (m)	man from Poltava
Полтавщина (f)	Poltavshchyna, region around Poltava
поруч	near by
початок (m)	beginning
починати (I)	to begin, to start
пошта (f)	post office
права (f)	right
правда (f)	truth
правильний (adj)	true
православний (adj)	Orthodox
працювати (I)	to work
праця (f)	work, job
президент (m)	president
при (+ *dat*)	as far as...concerned
прив'язанний (adj)	tied, bound
прив'язати (I)	to tie, to bind
приємний (adj)	agreeable, pleasant

приїзд *(m)*	arrival
приїхати *(irr)*	to arrive
про *(+acc)*	about
проблема *(f)*	problem
продавати *(I)*	to sell
продукт *(m)*	pruduct
продукти *(pl)*	groceries, produce
пророк *(m)*	prophet
прямо	straight
путь *(f)*	road, path
п'яний *(adj)*	drunk
п'яниця *(f)*	drunk, alcoholic
п'ятдесять	fifty
п'ятий	fifth
п'ятниця *(f)*	Friday
п'ять	five
п'ятьсот	five hundred

Р

рада *(f)*	council, advice
радий *(adj)*	happy, joyous
радість *(f)*	happiness
радіо *(n) (not declined)*	radio
радувати *(I)*	to advise
радянський *(adj)*	Soviet
Радянський Союз *(m)*	Soviet Union
раз *(m)*	time
разом	together
рай *(m)*	paradise
район *(m)*	urban neighborhood
раний *(adj)*	early
раніше	earlier
ранок *(m)*	morning
рахувати *(I)*	to count on
революція *(f)*	revolution
релігія *(f)*	religion
ремонт *(m)*	renovation
ресторан *(m)*	restaurant
ринок *(m)*	market place

риночний *(adj)*	market
рівний *(adj)*	even
рідний *(adj)*	home, native
різний *(adj)*	different
рік *(m)*	year
ріка *(f)*	river
річ *(f)*	thing, object
робити *(II)*	to do
роботати *(I)*	to work
робота *(f)*	work
родина *(f)*	family
родити *(II)*	to give birth
родитися *(II)*	to be born
розбити *(II)*	to break, destroy
розбиттий *(adj)*	broken
рука *(f)*	arm, hand
рукопис *(m)*	manuscript
ручка *(f)*	pen
ряд *(m)*	row
рядом з *(+instr)*	next to

C

сад *(m)*	garden
садити *(II)*	to plant
садовий *(adj)*	garden
сало *(n)*	pork fat
сам, -а	alone, oneself
сахар *(m)*	sugar
свіжий *(adj)*	fresh
свій	own, one's own
світ *(m)*	light, world
світовий *(adj)*	worldly
свобода *(f)*	freedom
свободний *(adj)*	free
святий *(adj)*	holy, sacred
свято *(n)*	holy day
священник *(m)*	priest
село *(n)*	village
середа *(f)*	Wednesday
середина *(f)*	middle
сердитися *(II)*	to get angry

сердитий *(adj)*	angry
серп *(m)*	sickle, sythe
серпень *(m)*	August
серце *(n)*	heart
сила *(f)*	strength
сильний *(adj)*	strong
син *(m)*	son
сік *(m)*	juice
Січ *(m)*	Sich, a Kossak decree
січень *(m)*	January
сім'я *(f)*	family
склад *(m)*	composition
скло *(n)*	glass
скляний *(adj)*	glass
слава *(f)*	glory
словник *(m)*	dictionary
слово *(n)*	word
слов'янський *(adj)*	Slavic
сльоза *(f)*	tear
смерть *(f)*	death
смішний *(adj)*	funny
сміятися *(irr)*	to laugh
собака *(m)*	dog
собачка *(f)*	she-dog
соліст *(m)*	soloist
сонце *(n)*	sun
сорок	forty
сороковий	fortieth
спати *(irr)*	to sleep
співати *(I)*	to sing
спорт *(m)*	sport
спортівний *(adj)*	athletic
старий *(adj)*	old
степ *(m)*	steppe
столиця *(f)*	capital
стіна *(f)*	wall
століття *(n)*	century
субота *(f)*	Saturday
суд *(m)*	court
сума *(f)*	sum

Т

тайна *(f)*	secret
там	over there
твій	your, yours
творити *(II)*	to create
творчество *(n)*	creation
телефон *(m)*	telephone
телефонувати *(I)*	to call
тепер	now, nowadays
теплий *(adj)*	warm
тепло *(n)*	heat
тисяча	thousand
тиф *(m)*	typhoid
тіло *(n)*	body
той	that
трава *(f)*	grass
травень *(m)*	May
травник *(m)*	lawn
трамвай *(m)*	tramway
труд *(m)*	labor
тяжкий *(adj)*	hard, difficult

У

у(в) *(+acc)*	into
у(в) *(+loc)*	in
Україна *(f)*	Ukraine
українець *(m)*	Ukrainian
українка *(f)*	Ukrainian
український *(adj)*	Ukrainian
університет *(m)*	university
уряд *(m)*	government

Ф

фашист *(m)*	fascist
фашистський *(adj)*	fascist
фірма *(f)*	firm
флот *(m)*	fleet
фракція *(f)*	fraction

фронт *(m)*	front
фунт *(m)*	pound

Х

хата *(f)*	house
хворий *(adj)*	sick, ill
хімія *(f)*	chemistry
хліб *(m)*	bread
хор *(m)*	choir
храм *(m)*	church, temple
Христос *(m)*	Christ

Ц

цар *(m)*	tsar
церква *(f)*	church
церковний *(adj)*	church
цифр *(m)*	numeral
цікавий *(adj)*	strange, interesting
цікавувати *(I)* *(+ dat)*	to interest
цілувати *(I)*	to kiss

Ч

чай *(m)*	tea
чашка *(f)*	cup
червоний *(adj)*	red
через *(+ acc)*	through
Чікаґо *(n)* *(not declined)*	Chicago
чорний *(adj)*	black
Чорне море *(n)*	Black Sea
Чорноморський флот *(m)*	Black Sea Fleet

Ш

шановний *(adj)*	honorable
шапка *(f)*	fur hat
шашка *(f)*	sword
швидкий *(adj)*	quick, fast
швидко	quickly

шосе *(n)*	highway
шукати *(I)*	to look for

Щ

щасливий *(adj)*	lucky
щастя *(f)*	luck
що	what
щоденник *(m)*	daily paper

Ю

Юрій *(m)*	George

Я

яблука *(f)*	apple
ягода *(f)*	berry
як	how
якщо	if
ялинка *(f)*	Christmas tree
ярмарок *(m)*	fair
ясний *(adj)*	clear
ясно	clearly

АНГЛІЙСЬКО - УКРАЇНСЬКИЙ СЛОВНИК

ENGLISH - UKRAINIAN GLOSSARY

A

about	про *(+ acc)*
academic *(adj)*	академічний
academy	академія *(f)*
accent	акцент *(m)*
accident	аварія *(f)*
accordian	гармошка *(f)*
according	по *(+ dat)*
ache *(v)*	боліти *(irr)*
across	напроти *(+ gen)*
act	акт *(m)*
actor	актор *(m)*
actress	актриса *(f)*
address	адреса *(f)*
advice	рада *(f)*
advise *(v)*	радувати *(I)*
Africa	Африка *(f)*
African *(no)*	африканець *(m)*
	африканка *(f)*
African *(adj)*	африканський
after	після *(+ gen)*
again	знову (знов)
agrogate	аґреґат *(m)*
agrarian	аґрарний *(m)*
agriculture	господарство *(n)*
ail *(v)*	боліти *(irr)*
airplane	аероплан *(m)*
	літак *(m)*
airport	аеродром *(m)*
album	альбом *(m)*
almost	майже *(+ gen)*
alone	сам, -а
alphabet	алфавіт *(m)*
always	завжди
America	Америка *(f)*
American *(no)*	американець *(m)*
	американка *(f)*
American *(adj)*	американський

and	а
	і(й)
ancient	давний
angry	сердитий
animal	звір *(m)*
apostrophe	апостроф *(m)*
apparatus	апарат *(m)*
appartment	квартира *(f)*
appeal	апелювати *(I)*
appetite	апетит *(m)*
apple	яблука *(f)*
April	квітень *(m)*
area code	код *(m)*
archbishop	архієпіскоп *(m)*
archive	архів *(m)*
arm	рука *(f)*
arms	зброя *(f)*
army	армія *(f)*
arrest *(no)*	арешт *(m)*
arrest *(v)*	арештувати *(I)*
	заарештувати *(I)*
arrival	приїзд *(m)*
arrive *(v)*	приїхати *(irr)*
ask *(v)*	задавати *(I)*
	задати *(irr)*
	питати *(I)*
at	о *(+ dat)*
Atlantic	Атлантика *(f)*
atomic	атомний
attack *(no)*	напад *(m)*
attack *(v)*	нападати *(I)*
auctioneer	акціонер *(m)*
August	серпень *(m)*
Austria	Австрія *(f)*
author	автор *(m)*
automobil	автомобіль *(m)*
	машина *(f)*
autumn	осінь *(f)*
aviation	авіація *(f)*

back	зад *(m)*
backward	назад
baggage	багаж *(m)*
Baikal	Байкал *(m)*
Baku	Баку *(n)*
ballad	балада *(f)*
bandura	бандура *(f)*
bandurist	бандурист *(m)*
	бандуристка *(f)*
bank	банк *(m)*
banknote	валюта *(f)*
barrack	барак *(m)*
base	основа *(f)*
base *(millitary)*	база *(f)*
basic	основний
Basil	Василь *(m)*
bathtub	ванна *(f)*
battle	битва *(f)*
bazaar	базар *(m)*
be *(v)*	бути *(irr)*
be able *(v)*	мігти *(irr)*
bear	ведмедь *(m)*
beat *(v)*	бити *(irr)*
beautiful	гарний
beautifully	гарно
beet	буряк *(m)*
begin *(v)*	починати *(I)*
beginning	початок *(m)*
behind	назад
Belgium	Бельгія *(f)*
bell	дзвін *(m)*
belong *(v)*	належати *(I)*
berry	ягода *(f)*
best	найкраще
better	краще
between	між *(+ instr)*
beyond	за *(+ instr)*
big	більший
biggest	найбільше
bind *(v)*	прив'язати *(I)*

biography	біографія *(f)*
birch *(adj)*	березний
birch tree	береза *(f)*
bishop	єпіскоп *(m)*
black	чорний
blood	кров *(f)*
body	тіло *(n)*
boil *(v)*	ворити *(II)*
	горити *(II)*
boiled *(adj)*	воренний
border	кордон *(m)*
borderland	край *(m)*
borsch	борщ *(m)*
bound	прив'язаний
boundary	межа *(f)*
bread	хліб *(m)*
break *(v)*	розбити *(irr)*
breast	грудь *(f)*
bridge	міст *(m)*
broken *(adj)*	розбитий
brother	брат *(m)*
Brussels	Брюссель *(m)*
Byelorussia	Білорусь *(f)*
Byelorussian	білоруський *(adj)*
Bucharest	Бухарест *(m)*
buckwheat	каша *(f)*
build *(v)*	будувати *(I)*
building	будинок *(m)*
bureau	бюро *(n)*
bureaucrat	бюрократ *(m)*
but	а, але
butter	масло *(n)*

C

cabbage	капуста *(f)*
calendar	календар *(m)*
call *(v)*	телефонувати *(I)*
Canada	Канада *(f)*
Canadian *(no)*	канадець *(m)*
	канадка *(f)*
Canadian *(adj)*	канадський

canal	канал*(m)*
candidate	кандидат*(m)*
canoe	байдар*(m)*
capital	столиця*(f)*
car	машина*(f)*
card	карта*(f)*
carry*(v)*	носити*(II)*
	нести*(irr)*
cat	кіт*(m)*
	кішка*(f)*
catch*(v)*	ловити*(II)*
Catholic*(no)*	католик*(m)*
	католичка*(f)*
Catholic*(adj)*	католичний
Caucasian	кавказець*(m)*
Caucasus	Кавказ*(m)*
cell	камера*(f)*
century	століття*(n)*
ceramic*(adj)*	гончарний
ceramics	гончарство*(n)*
chalkboard	дошка*(f)*
chamber	камера*(f)*
change*(v)*	міняти*(I)*
character	характер*(m)*
	буква*(f)*
cheap	дешевий
chef	кухар*(m)*
chemistry	хімія*(f)*
chestnut tree	каштан*(m)*
Chicago	Чікаґо*(n)*
chicken	кура*(f)*
child	дитина*(f)*
children	діти*(pl)*
chimney	камін*(m)*
China	Китай*(m)*
Chinese	китайський
choir	хор*(m)*
choice	вибір*(m)*
Christ	Христос*(m)*
Christmas*(no)*	Різдво*(n)*
Christmas*(adj)*	різдвяний
Christmas carol	коляда*(f)*

Christmas tree	ялинка *(f)*
church *(no)*	церква *(f)*
	храм *(m)*
church *(adj)*	церковний
citizen *(no)*	громадянин *(m)*
citizen *(adj)*	громадянський
citizenship	громадянство *(n)*
city	місто *(n)*
civil	громадянський
class	класа *(f)*
clear	ясний
	видний
clearly	ясно
clever fellow	молодець *(m)*
climate	клімат *(m)*
clinic	клиника *(f)*
clock	годиник *(m)*
close *(v)*	закривати *(I)*
	закрити *(irr)*
club	клуб *(m)*
coffee	кава *(f)*
collect *(v)*	збирати *(I)*
collective farm	колгосп *(m)*
commander	командир *(m)*
composition	склад *(m)*
construction	будування *(n)*
cook *(v)*	готувати *(I)*
cook *(no)*	кухар *(m)*
cost *(v)*	коштувати *(I)*
costing	платний
could	б(би)
council	рада *(f)*
count on *(v)*	рахувати *(I)*
court	суд *(m)*
crane	журавель *(m)*
create *(v)*	творити *(II)*
creation	творчество *(n)*
credit	кредит *(m)*
Crimea	Крим *(m)*
Crimean	кримський
cripple	інвалід *(m)*
crisis	криза *(f)*

criticism	критика *(f)*
criticize *(v)*	критикувати *(I)*
crow	гава *(f)*
culture	культура *(f)*
cultured *(adj)*	культурний
cup	чашка *(f)*
cure *(v)*	лікувати *(I)*

D

daily paper	щоденник *(m)*
danger	небезпечність *(f)*
dangerous	небезпечний
daughter	дочка *(f)*
day	день *(m)*
dead	мертвий
dear	дорогий
death	смерть *(f)*
debt	дебіт *(m)*
December	грудень *(m)*
declare *(v)*	заявляти *(I)*
declaration	заявка *(f)*
decorative	декоратівний
decoration	декорація *(f)*
deep	глибокий
demand *(no)*	заявка *(f)*
demand *(v)*	заявляти *(I)*
democracy	демократія *(f)*
democrat	демократ *(m)*
Denmark	Данія *(f)*
dependent	належний
depth	глибин *(m)*
deputy	депутат *(m)*
destroy *(v)*	розбити *(irr)*
diagram	діаграма *(f)*
dialogue	діалог *(m)*
dictionary	словник *(m)*
difference	різниця *(f)*
different	різний
difficult	тяжкий
dining room	їдальня *(f)*

dinner	обід*(m)*
director	директор*(m)*
dirt	бруд*(m)*
dirty	брудний
discipline	дициплина*(f)*
do*(v)*	робити*(II)*
doctor	доктор*(m)*
	лікар*(m)*
document	документ*(m)*
dog	собака*(m)*
domestic rabbit	кролик*(m)*
door	двір*(m)*
doorbell	дзвінка*(f)*
dove	голуба*(f)*
drama	драма*(f)*
dramatic	драматичний
drink*(v)*	пити*(irr)*
drive*(v)*	їжджати*(I)*
	їздити*(irr)*
	їхати*(irr)*
drop in*(v)*	зайти*(irr)*
drunk*(no)*	п'яниця*(f)*
drunk*(adj)*	п'яний

E

each	кожний
earlier	раніше
early	раний
easier	легше
easily	легко
Easter	Великдень*(m)*
Easter song	веснянка*(f)*
easy	легкий
eat*(v)*	їсти*(irr)*
echelon	ешалон*(m)*
echo	гомін*(m)*
economic	економічний
economy	економія*(f)*
educated	культурний
education	навчання*(n)*
effect	ефект*(m)*

effective	ефектівний
eight	вісім
eighth	восьмий
either	або
elections	вибори *(pl)*
electric	електричний
electricity	електрика *(f)*
electric train	електричка *(f)*
end	кінець *(m)*
energetic	енергійний
energy	енергія *(f)*
England	Англія *(f)*
English	англійський
enrich *(v)*	багачувати *(I)*
enrichment	багачування *(n)*
ensemble	ансамбль *(m)*
Estonia	Естонія *(f)*
Estonian	естонський
ethnic	етнічний
ethnography	етнографія *(f)*
etiquette	етікет *(m)*
Europe	Європа *(f)*
European *(no)*	європеець *(m)*
	європейка *(f)*
European *(adj)*	європейський
evacuation	евакуація *(f)*
evangelist	євангеліст *(m)*
even *(emphatic)*	ж *(же)*
even *(adj)*	рівний
evening	вечір *(m)*
evening mass	вечерня *(f)*
evil	злий
evolution	еволюція *(f)*
except	крім *(+ gen)*
expensive	дорогий
exterior	екстер'єр *(m)*
eyes	очі *(pl)*

F

face	лицо *(n)*
fair	ярмарок *(m)*

fall *(v)*	падати *(I)*
family	родина *(f)*
	сім'я *(f)*
famine	голод *(m)*
fascist *(no)*	фашист *(m)*
fascist *(adj)*	фашистський
fashion	мода *(f)*
fast	швидкий
father	батько *(m)*
fault	гріш *(m)*
Februrary	лютий *(m)*
fence	горожа *(f)*
few	кілька *(+ gen)*
	мало *(+ gen)*
fight *(no)*	боротьба *(f)*
fight *(v)*	боротися *(irr)*
	битися *(irr)*
film *(v)*	знімати *(I)*
filth	бруд *(m)*
filthy	брудний
find out *(v)*	визнати *(I)*
finger	палець *(m)*
fire	вогонь *(m)*
	пожежа *(f)*
fireman	пожежник *(m)*
fireplace	камін *(m)*
firm	фірма *(f)*
first	перший
fleet	флот *(m)*
flight	літ *(m)*
floor *(in a building)*	етаж *(m)*
	поверх *(m)*
floor	підлога *(f)*
flour	мука *(f)*
flower	квіт *(m)*
flu	грип *(m)*
fly *(v)*	літати *(I)*
food	їда *(f)*
fool	дурень *(m) (slang)*
foolish	дурний *(slang)*
	глупий
foot	нога *(f)*

footware	взуття *(n)*
for	для *(+ gen)*
	за *(+ acc)*
forget *(v)*	забувати *(I)*
	забути *(irr)*
foundation	основа *(f)*
	фундамент *(m)*
fox	лисиця *(f)*
fraction	фракція *(f)*
frame	кадр *(m)*
free *(adj)*	вільний
	свободний
free *(v)*	вільнувати
freedom	свобода
freely	вільно
freight *(no)*	вантаж *(m)*
freight *(adj)*	вантажний
fresh	свіжий
friend	друг *(m)*
friendly	дружний
friendship	дружба *(f)*
Friday	п'ятниця *(f)*
frog	жаба *(f)*
from	від *(+ gen)*
	од *(+ gen)(old Ukrainian)*
	з (із) *(+ gen)*
front	фронт *(m)*
full	повний
fundamental	основний
fungus	гриб *(m)*
funny	смішний
fur hat	шапка *(f)*
furniture	мебель *(m)*

G

galery	галерея *(f)*
game	гра *(f)*
garage	гараж *(m)*
garden *(no)*	сад *(m)*
garden *(adj)*	садовий
gas *(no)*	газ *(m)*

gas *(adj)*	газовий
general *(no)*	генерал *(m)*
general *(adj)*	генеральний
Geneva	Женева *(f)*
genius	геній *(m)*
geography	географія *(f)*
George	Юрій *(m)*
German *(no)*	німець *(m)*
	німка *(f)*
German *(adj)*	німецький
Germany	Німечина *(f)*
get angry *(v)*	сердитися *(II)*
get married *(v)*	одружувати *(I)*
girl	дівчина *(f)*
give *(v)*	давати *(I)*
	дати *(irr)*
give birth *(v)*	родити *(II)*
give blessing *(v)*	благодати *(I)*
give permission *(v)*	дозволяти *(I)*
glance	дивитися *(II) (slang)*
	оглядити *(II)*
glass *(no)*	скло *(n)*
glass *(adj)*	скляний
glory	слава *(f)*
glue *(v)*	клеїти *(irr)*
go *(on foot) (v)*	іти (йти) *(irr)*
goal	гол *(m)*
goat	коза *(f)*
good	добрий *(adj)*
	добре *(adv)*
goose	гуска *(f)*
gospel	євангеліє *(n)*
government	уряд *(m)*
grammar	граматика *(f)*
grand	великий
grandfather	дід *(m)*
grandmother	бабуся *(f)*
grass	трава *(f)*
grave	могила *(f)*
great	великий
greed	жадність *(f)*
greedy	жадний

groceries	продукти *(m)(pl)*
grove	гай *(m)*
	діброва *(f)*
guide	гід *(m)*

H

hammer	молот *(m)*
hand	рука *(f)*
happy	радий
	веселий
happiness	радість *(f)*
hard	тяжкий
	тяжко
harmony	гармонія *(f)*
have *(v)*	мати *(I)*
head	голова *(f)*
health	здоров'я *(f)*
heart	серце *(n)*
heat *(no)*	жар *(m)*
	тепло *(n)*
heat *(v)*	горити *(II)*
heaven	небо *(n)*
heavenly	небесний
Hebrew	іудейський
help *(v)*	допомігати
help *(no)*	допомога *(f)*
hepatitis	жовтуха *(f)*
her	її
here	десь
	тут
Hermitage	Ермітаж *(m)*
hero	герой *(m)*
high noon	південь *(m)*
highway	шоссе *(n)*
his	його
historical	історічний
history	історія *(f)*
Hitler	Гітлер *(m)*
hold *(v)*	держати *(irr)*
holy	святий
holy day	свято *(n)*

home *(no)*	будинок *(m)*
	дім *(m)*
	хата *(f)*
home *(adj)*	домашній
homeward	додому
honey	мед *(m)*
honorable	шановний
hope *(no)*	надія *(f)*
hope *(adj)*	надіятися
horse	кінь *(m)*
hospital	лікарня *(f)*
hot	горячий
hot *(weather)*	жаркий
	жарко
hour	година *(f)*
house	будинок *(m)*
	дім *(m)*
	хата *(f)*
household	господа *(f)*
house slippers	пантофлі *(pl)*
how	як
humor	гумор *(m)*
hunger	голод *(m)*
hungry	голодний

I

idea	ідея *(f)*
idiom	ідіом *(m)*
if	якщо
ill	хворий
important	важний
in	у(в) *(+ loc)*
independence	незалежність *(f)*
independent	незалежний
India	Індія *(f)*
Indian	індійський
in front of	перед *(+ inst)*
institute	інститут *(m)*
interest *(v)*	цікавуватися *(I)*
interesting	цікавий
international	міжнародний

into	у(в)*(+acc)*
invade	нападати*(I)*
invalid	інвалід*(m)*
invasion	напад*(m)*
iodine	йод*(m)*
Ireland	Ірландія*(f)*
Irish	ірландський
Italian*(no)*	італ'янець*(m)*
Italian*(adj)*	італ'янський
Italy	Італія*(f)*

J

jail	в'язниця*(f)*
January	січень*(m)*
jaundice	жовтуха*(f)*
Jerusalem	Єрусалим*(m)*
Jew	єврей*(m)*
	єврейка*(f)*
Jewish	єврейський
job	праця*(f)*
joke*(no)*	жарт*(m)*
joke*(v)*	жартувати*(I)*
joyous	веселий
juice	сік*(m)*
July	липень*(m)*

K

key	ключ*(m)*
Kiev	Київ*(m)*
Kievan	київський
kiss*(v)*	цілувати*(I)*
kitchen	кухня*(f)*
knife	ніж*(m)*
know*(v)*	знати*(I)*
Kossak*(no)*	козак*(m)*
Kossak*(adj)*	козацький

L

labor	труд*(m)*
lagoon	лагуна*(f)*
lamp	лампа*(f)*
land	країна*(f)*
	земля*(f)*
landscape	пейзаж*(m)*
language	мова*(f)*
last	останій
	минулий
laugh*(v)*	засміхатися*(I)*
	сміятися*(irr)*
law	закон*(m)*
lawn	травник*(m)*
lead*(v)*	вести*(irr)*
leading	ведення*(n)*
leaf	лист*(m)*
learn*(v)*	навчатися*(I)*
leave*(v)*	вийти*(irr)*
lecture	лекція*(f)*
lecturer	лектор*(m)*
leg	нога*(f)*
legend	легенда*(f)*
lesson	лекція*(f)*
letter	лист*(m)*
letter	буква*(f)*
liberate	вільнувати*(I)*
library	бібліотека*(f)*
lie down*(v)*	лягати*(I)*
life	життя*(n)*
light	світ*(m)*
lion	лев*(m)*
Lithuania	Литва*(f)*
Lithuanian*(no)*	литовець*(m)*
	литовка*(f)*
Lithuanian*(adj)*	литовський
little	малий
live*(v)*	жити*(irr)*
living*(adj)*	живий
location	місце*(n)*
long	довгий*(adj)*

long	довго *(adv)*
long *(time)*	давно
	довго
look *(v)*	бачити *(II)*
	оглядати *(I)*
	дивитися *(II) (slang)*
look for *(v)*	шукати *(I)*
loud	голосний
lower	нижній
luck	щастя *(f)*
lucky	щастливий

M

machine	машина *(f)*
maestro	майстер *(m)*
magazine	журнал *(m)*
magnet	магніт *(m)*
magnetic	магнітний
mail box	ящик *(m)*
mailman	листонош *(m)*
main	головний
majority	більшість *(f)*
man	людина *(f)*
manager	директор *(m)*
manuscript	рукопис *(m)*
many	багато *(+ gen)*
map	карта *(f)*
March	березень *(m)*
maritime	морський
market *(no)*	ринок *(m)*
market *(adj)*	риночний
market place	ринок *(m)*
marsh	болота *(f)*
master	господар *(m)*
	майстер *(m)*
material *(no)*	матеріал *(m)*
material *(adj)*	матеріальний
May	травень *(m)*
maybe	мабуть
mean	злий
meat *(no)*	м'ясо *(n)*

meat *(adj)*	м'ясничний
medical	медичний
medicine	лікарство *(n)*
meet *(v)*	зустрічатися *(I)*
memorable	пам'ятний
memorial	пам'ятник *(m)*
merchandise	вантаж *(m)*
	товар *(m)*
metallurgist	металург *(m)*
metallurgy	металургія *(f)*
middle	середина *(f)*
midnight	північ *(f)*
military platoon	команда *(f)*
militia	міліція *(f)*
million	мільйон *(m)*
mine	мій
ministry	міністерство *(n)*
minority	кількість *(f)*
mode	мода *(f)*
model	макет *(m)*
money	гроші *(pl)*
more	більше
morning	ранок *(m)*
mother	мати *(f)*
mountain *(no)*	гора *(f)*
mountain *(adj)*	гірський
movie	кіно *(n)*
museum	музей *(m)*
mushroom	гриб *(m)*
my	мій
mysterious	дивний
mysteriously	дивно

N

name	ім'я *(n)*
nation	нація *(f)*
national	національний
nationality	національність *(f)*
native	рідний
Nazi	гітлерівський
nearby	поруч

new	новий
news	новина *(f)*
newspaper	газета *(f)*
next	наступний
next to	рядом з *(+inst)*
	коло *(+gen)*
	біля *(+gen)*
night	ніч *(f)*
no	ні
nobody	ніхто
none	нема *(+gen)*
noon	південь *(m)*
noone	ніхто
north	північ *(f)*
northern	північний
not	не
nothing	нічого
November	листопад *(m)*
now	зараз
	тепер
number	номер *(m)*
	число *(n)*
numeral	цифр *(m)*

O

oak tree	дуб *(m)*
object	об'єкт *(m)*
October	жовтень *(m)*
of course	звичайно
office	бюро *(n)*
oh	ах
oil	нафта *(f)*
old	старий
old woman	баба *(f)*
on	на *(+loc)*
one	один
onto	на *(+acc)*
opera	опера *(f)*
opera singer	артист *(m)*
operation	операція *(f)*

open*(v)*	відкривати*(I)*
	відкрити*(irr)*
organization	орґанізація*(f)*
Orthodox	православний
other	інший
out of	від*(+gen)*
	од*(+gen)(old Ukrainian)*
over	над*(+inst)(location)*
	над*(+acc)(motion)*
over there	там
own	свій

Р

package	пакет*(m)*
pair	пара*(f)*
pal	друг*(m)*
paradise	рай*(m)*
parents	батьки*(pl)*
past	мимо*(+gen)*
path	путь*(f)*
paw	лапа*(f)*
pay*(v)*	платити*(irr)*
pen	ручка*(f)*
perhaps	мабуть
permit	дозвіл*(m)*
prescription	підпис*(m)*
person	людина*(f)*
petroleum	нафта*(f)*
pharmacy	аптека*(f)*
pharmacist	аптекар*(m)*
phone call	дзвінка*(f)*
picture	картина*(f)*
	малюнок*(m)*
pigeon	голуба*(f)*
pilot	пілот*(m)*
pity	жаль*(m)*
pity oneself*(v)*	жаліти*(II)*
place*(no)*	місце*(n)*
place*(v)*	класти*(irr)*
plan	план*(m)*
plant*(v)*	посадити*(II)*

platform	платформа *(f)*
play *(v)*	грати *(I)*
play *(no)*	п'єса *(f)*
playwright	драматург *(m)*
pleasant	приємний
pocket	карман *(m)*
	кишеня *(f)*
police	міліція *(f)*
poor	бідний
porter	багажник *(m)*
	носильник *(m)*
pork fat	сало *(n)*
possible	можна
	можливо
post office	пошта *(f)*
potato	картопель *(m)*
potter	гончар *(m)*
pottery	гончарство *(n)*
pound	фунт *(m)*
poverty	бідність *(f)*
power plant	електростанція *(f)*
prank *(no)*	жарт *(m)*
prank *(v)*	жартувати *(I)*
pray *(v)*	молитися *(II)*
prayer	молитва *(f)*
prepare *(v)*	готувати *(I)*
prepared	готовий
president	президент *(m)*
pretty	гарний
priest	священник *(m)*
print *(v)*	друкувати *(I)*
printing	друкування *(n)*
prison	в'язниця *(f)*
problem	проблем *(m)*
produce	продукти *(pl)*
product	продукт *(m)*
profound	глибокий
prophet	пророк *(m)*
province	країна *(f)*
publish *(v)*	друкувати *(I)*
put *(v)*	класти *(irr)*
put on shoes *(v)*	взуватися *(I)*

Q

question	питання *(n)*
quick	швидкий
quickly	швидко

R

radio	радіо *(n)*
railway wagon	вагон *(m)*
rain	дощ *(m)*
ready	готовий
record player	грамофон *(m)*
	патефон *(m)*
red	червоний
reference book	довідник *(m)*
religion	релігія *(f)*
remember *(v)*	пам'ятати *(I)*
remove *(v)*	знімати *(I)*
renovation	ремонт *(m)*
rent *(v)*	знімати *(I)*
reside *(v)*	мешкати *(I)*
restaurant	ресторан *(m)*
return *(home)* *(v)*	вернутися *(III)*
return *(an object)* *(v)*	вернути *(III)*
revolution	революція *(f)*
rich	багатий
rich man	багаць *(m)*
right	права *(f)*
river	річка *(f)*
road	дорога *(f)*
rock	камінь *(f)*
room	кімната *(f)*
roughly	майже *(+ gen)*
row	ряд *(m)*
run *(v)*	бігати *(irr)*

S

sacred	священний
safe	безпечний
safety	безпечність *(f)*

Saturday	субота *(f)*
sausage	ковбаса *(f)*
scale	вага *(f)*
scream *(v)*	кричати *(irr)*
sea	море *(n)*
second *(ordinal numeral)*	другий
second *(no)*	секунда *(f)*
secret	тайна *(f)*
secure	безпечний
security	безпечність *(f)*
selfish	жадний
sell *(v)*	продавати *(I)*
September	вересень *(m)*
shave *(v)*	голити *(II)*
shop	крамниця *(f)*
shore	берег *(m)*
shout *(v)*	кричати *(irr)*
shut up *(v)*	мовчати *(irr)*
sick	хворий
sickle	серп *(m)*
sign	знак *(m)*
signal	знак *(m)*
signature	підпис *(m)*
silence	мовчання *(n)*
sin	гріх *(m)*
sinful	грішний
sing *(v)*	співати *(I)*
sir	пан *(m)*
size	розмір *(m)*
sky	небо *(n)*
sky blue	голубий
Slavic	слов'янський
sleep	спати *(irr)*
small	малий
smell *(no)*	запах *(m)*
smell *(v)*	нюхати *(I)*
soft	м'який
soloist	соліст *(m)*
some	кілька
sometime	коли-небудь
	колись
sometimes	іноди

somewhere	де-небудь
son	син *(m)*
song	пісня *(f)*
sorrow	жаль *(m)*
south	південь *(m)*
southern	південний
Soviet	радянський
Soviet Union	Радянський Союз *(m)*
Spain	Іспанія *(f)*
Spaniard	іспанець *(m)*
Spanish	іспанський
speak *(v)*	говорити *(II)*
spirit	дух *(m)*
sport	спорт *(m)*
spring *(no)*	весна *(f)*
spring *(adj)*	весняний
stand	стояти *(irr)*
star	зірка *(f)*
start *(v)*	починати *(I)*
state *(no)*	держава *(f)*
state *(adj)*	державний
steppe	степ *(m)*
stone *(no)*	камінь *(f)*
stone *(adj)*	кам'яний
store	крамниця *(f)*
	магазин *(m)*
story	казка *(f)*
strange	цікавий
street	вулиця *(f)*
straight	прямий
strength	сил *(m)*
string	зав'язка *(f)*
strong	сильний
struggle *(v)*	боротися *(irr)*
struggle *(no)*	боротьба *(f)*
stupid	дурний *(slang)*
	глупий
sugar	сахар *(m)*
sum	сума *(f)*
summer *(no)*	літо *(n)*
summer *(adj)*	літній
summer house	дача *(f)*

sun	сонце *(n)*
supper	вечерня *(f)*
swallow	ластівочка *(f)*
swamp	болота *(f)*
sword	шашка *(f)*

T

take *(v)*	вз'яти (уз'яти) *(irr)*
	брати *(irr)*
talk *(v)*	говорити *(II)*
tape player	магнітофон *(m)*
tea	чай *(m)*
teach *(v)*	навчати *(I)*
tear	сльоза *(f)*
telephone	телефон *(m)*
temple	храм *(m)*
terrible	лютий
textbook	підручник *(m)*
than	ніж *(+nom)*
that	той
their	їх
	їхній
there is	є
thing	річ *(f)*
think *(v)*	гадати *(I)*
	думати *(I)*
thought	думка *(f)*
thousand	тисяча
throat	горло *(n)*
through	через *(+acc)*
thunder	гром *(m)*
thunderstorm	гроза *(f)*
ticket	білет *(m)*
	квиток *(m)*
tie *(v)*	прив'язати *(I)*
tied	прив'язанний
time *(in action)*	раз *(m)*
time	час *(m)*
to	до *(+gen)*
	к (ко) *(+dat)(old Ukrainian)*
together	разом

tomb	могила *(f)*
tomorrow	завтра
top *(adj)*	головний
toward	до *(+ gen)*
town	місто *(n)*
toy	іграшка *(f)*
train	поїзд *(m)*
tramway	трамвай *(m)*
translate *(v)*	перекласти *(irr)*
translation	переклад *(m)*
transport *(v)*	вести *(irr)*
	возити *(II)*
tree	дерево *(n)*
trip	поїздка *(f)*
true	правий
	правильний
truth	правда *(f)*
tsar	цар *(m)*
twelve	дванадцять
twenty	двадцять
twice	двічі
two	два *(m)*
	дві *(f)*
typewriter	машинка *(f)*
typhoid	тиф *(m)*

U

Ukraine	Україна *(f)*
Ukrainian *(no)*	українець *(m)*
	українка *(f)*
Ukrainian *(adj)*	український
under	під *(+ acc) (motion)*
	під *(+ inst) (location)*
united	об'єднаний
	єдиний
unity	єднання *(n)*
university	університет *(m)*
unknown	незначний
up	верх
upper	верхній

upstairs	нагору *(motion)*
	нагорі *(location)*
upward	нагору
urban	міський
urban neighborhood	район *(m)*
USSR	СРСР *(m)*
	Союз Радянських Соціялістичних Республік

V

vacation	канікули *(pl)*
vaccine	вакцина *(f)*
valley	долина *(f)*
value	гідність *(f)*
variant	варіант *(m)*
vase	ваза *(f)*
vegetables	овочі *(pl)*
vegetable garden	город *(m)*
vehicle	екіпаж *(m)*
version	варіант *(m)*
very	дуже
victory	перемога *(f)*
village	село *(n)*
virgin	діва *(f)*
visible	видний
voice	голос *(m)*
vulgar	грубний

W

waiter	кельнер *(m)*
wall	стіна *(f)*
waltz	вальс *(m)*
war	війна *(f)*
warm	теплий
Warsaw	Варшава *(f)*
wash *(v)*	мивати *(I)*
watch	годиник *(m)*
weapon	зброя *(f)*
weather	погода *(f)*

Wednesday	середа *(f)*
week	тиждень *(m)*
weigh *(v)*	важати *(I)*
weight	вага *(f)*
well	гаразд
	добре
west	захід *(m)*
western	західний
what	що
wheel	колесо *(n)*
when	коли
where	де
which	котрий
wife	дружіна *(f)*
	жінка *(f)*
who	хто
	котрий
window	вікно *(n)*
winter	зима *(f)*
wish *(no)*	бажання *(n)*
wish *(v)*	бажати *(I)*
with	з (зі) *(+inst)*
without	без *(+gen)*
woman	жінщина *(f)*
wood *(no)*	дерево *(n)*
wood *(adj)*	дерев'яний
wood carver	жучок *(m)*
wooden	дерев'яний
word	слово *(n)*
work *(v)*	роботати *(I)*
	працювати *(I)*
work *(no)*	робота *(f)*
	праця *(f)*
world	світ *(m)*
worldly	світовий
worse	гірше
would	б (би) *(+past tense)*
write *(v)*	писати *(irr)*

Y

year	рік *(m)*
yellow	жовтий
yesterday	вчора (учора)
young	молодий
younger	молодший
your	твій *(informal)*
	ваш *(formal)*
youth	молодість *(f)*

GLOSSARY OF GRAMMATICAL ABBREVIATIONS

(no) noun

(m) masculine

(f) feminine

(n) neuter

(nom) nominative case

(dat) dative case

(inst) instrumental case

(voc) vocative case

(inan) inanimate noun

(v) verb

(adv) adverb

(adj) adjective

(pl) plural

(gen) genitive case

(acc) accusative case

(loc) locative case

(an) animate noun

BIBLIOGRAPHY

1.   Bazylevich, K. V., Bakhrushyn, S. V. Akad., Pankratova, H. M.,
Fokht, A. V., *Istoriya SRSR: Pidruchnyk dlia 10 - 11 klasu serednoyi shkoly*[The
History of the U.S.S.R.: A Textbook for the Tenth and Eleventh Grades for
High School](Kiev: Derzhavne Uchbovo-pedahohichne Vydabnytstvo
"Radians'ka Shkola," 1963).

2.   "Kryms'ki komunisty pidtrymaly putchystiv," *Svoboda Ukrainian Daily*,
Jersey City and New York, Wednesday, September 4, 1991, Vol. XCVIII. No.
168.

3.   Shevchenko, M. V. *Naykrashchi pisni Ukrayiny*[The Best Songs of
Ukraine](Kiev: Ukrayins'ke biuro propohandy khudozhnoyi literatury SPU
"MAYDAN," 1992).

4.   Slavutych, Yar. *Conversational Ukrainian*. Edmonton: Gateway
Publishers. 1987.

5.   Slobodskoy, Protoierey Serafim", *Zakon" Bozhiy: dlia siem'i i
shkoli*[The Law of God: A Catechism for the Family and School](Sergiyev
Posad, Russia: Sviato-Troitskaya Lavra Monastyr', 1993).

6.   Compiled by Mary Ann Wolloch Vaughn. *Ukrainian Christmas:
Traditions, Folk Customs, and Recipies*. Munster, Indiana: Ukrainian Heritage
Company. 1983.

7.   Compiled by Mary Ann Wolloch Vaughn. *Ukrainian Easter: Traditions,
Folk Customs, and Recipies*. Munster, Indiana: Ukrainian Heritage Company.
1982 and 1983.

RECOMMENDED READINGS

The author Yar Slavutych is very well known in the field of Ukrainian studies. His book <u>Conversational Ukrainian</u> is a very well put together textbook of the Ukrainian language and may provide you with suppliments of Ukrainian grammar, culture, and prose. All of Yar Slavutych's books are very good sources for Ukrainian studies and language, and I highly recommend reading them.

The two books from the Ukrainian Heritage Company, <u>A Ukrainian Christmas: Traditions, Folk Customs, and Recipies</u> and <u>A Ukrainian Easter: Traditions, Folk Customs, and Recipies</u>, compiled by Mary Ann Wolloch Vaughn, are a very good source of Ukrainian culture. I recommend reading them, especially if you are interested in traditional Ukrainian recipies, and customs practiced at Christmas and Easter. These books also include traditional songs for Christmas and Easter.

BEGINNER'S UKRAINIAN COMPANION CASSETTES

Integrate your instruction with audio tapes which will teach correct pronunciation by native speakers and provide practice in listening to the lively dialogues which are found in the text.

HIPPOCRENE'S UKRAINIAN INTEREST BOOKS

THE BEST OF UKRAINIAN CUISINE
Bohdan Zahny

Indulge your tastebuds in a rich and varied assortment of the finest time-tested Ukrainian dishes. With over 200 recipes of the very best in traditional and contemporary Ukrainian fare, this cookbook covers everyday meals as well as more elaborate preparations for holidays and special occasions.
225 pages, 0-7818-0240-7 $19.95hardcover

LANGUAGE & TRAVEL GUIDE TO UKRAINE
Linda Hodges & George Chumak

Finally an up-to-date guide that provides in-depth coverage of modern Ukrainian words and phrases *and* covers everything a traveler to Ukraine needs to know today, from visa and customs information to detailed coverage of the sights and history of Kyiv, Lviv, and other major cities. All information is current and written from an authentic Ukrainian perspective.
"Unique and should be invested in." —*Booklist*
360 pages, 0-7818-0135-4 $16.95paperback

UKRAINIAN-ENGLISH/ENGLISH-UKRAINIAN
STANDARD DICTIONARY
Olesj Benyukh and Raisa I. Galushko
Contains over 32,000 modern and up-to-date entries, a transliteration guide, list of abbreviations, and a list of geographic locations. Contemporary, comprehensive and bidirectional, this dictionary is perfect for the traveler, businessperson or sudent. Its unique, easy-to-use system of phonetics provides a Romanized version of all Ukrainian entries. For Ukrainian speakers, pronunciation of all English words is provided in the Cyrillic alphabet.
590 pages, 0-7818-0374-8 $24.95paperback

UKRAINIAN PHRASEBOOK AND DICTIONARY
Olesj Benyukh and Raisa I. Galushko

15 chapters of situational phrases covering travel, shopping, currency exchange, hotel stays, restaurants and much more. Ukrainian phrases are accompanied by English translation and phonetic pronunciation. A bilingual 3,000 entry mini-dictionary is included for handy reference.
205 pages, 0-7818-0188-5 $11.95paperback

Companion Cassettes to
UKRAINIAN PHRASEBOOK AND DICTIONARY
2-cassette set, 120 minutes total, 0-7818-0191-5, $12.95

UKRAINIAN-ENGLISH/ENGLISH-UKRAINIAN
PRACTICAL DICTIONARY

Revised Edition with Menu Terms
16,000 entries, 406 pages, 0-7818-0306-3 $14.95paperback

(All prices subject to change.)

TO PURCHASE HIPPOCRENE BOOKS contact your local bookstore, or write to: HIPPOCRENE BOOKS, 171 Madison Avenue, New York, NY 10016. Please enclose check or money order, adding $5.00 shipping (UPS) for the first book and $.50 for each additional book.

MASTERING UKRAINIAN

For the student who wishes to master the language, this guide offers contemporary language instruction comprised of approximately 20 lessons, filled with dialogues, vocabulary, and grammar exercises. The Mastering Series enables the learner to understand a foreign language in a variety of different situations and will be an excellent base for expanding knowledge of the written and spoken language.

TREASURY OF UKRAINIAN LOVE POEMS, QUOTATIONS & PROVERBS
in Ukrainian and English

These poems, quotations and proverbs, centered on the theme of love and from the pens of Ukraine's greatest writers, are brought together in a beautiful, bilingual gift book edition. The English translation of each piece is side by side with the original Ukrainian text.

(All prices subject to change.)

TO PURCHASE HIPPOCRENE BOOKS contact your local bookstore, or write to: HIPPOCRENE BOOKS, 171 Madison Avenue, New York, NY 10016. Please enclose check or money order, adding $5.00 shipping (UPS) for the first book and $.50 for each additional book.

Hippocrene Dictionaries

CENTRAL & EASTERN EUROPEAN LANGUAGES

Bulgarian-English/English-Bulgarian Practical Dictionary
6,500 entries   0-87052-145-4 $11.95pb

**Byelorussian-English/English-Byelorussian
Concise Dictionary**
6,500 entries   0-87052-114-4 $9.95pb

Czech-English/English-Czech Concise Dictionary
7,500 entries   0-87052-981-1 $11.95pb

Estonian-English/English-Estonian Concise Dictionary
6,500 entries   0-87052-081-4 $11.95pb

Georgian-English/English-Georgian Concise Dictionary
8,000 entries   0-87052-121-7 $8.95pb

Hungarian-English Standard Dictionary
40,000 entries   0-7818-0390-X $40.00pb

English-Hungarian Standard Dictionary
40,000 entries   0-7818-0391-8 $40.00pb

Lithuanian-English/English-Lithuanian Concise Dictionary
10,000 entries   0-7818-0151-6 $14.95pb

Polish-English Unabridged Dictionary
250,000 entries 0-7818-0441-8 2-volume set: $150.00hc

Polish-English/English-Polish Practical Dictionary
31,000 entries 0-7818-0085-4 $11.95pb

Polish-English/English-Polish Standard Dictionary
Revised with Business Terms
32,000 entries 0-7818-0282-2 $19.95pb

Polish-English/English-Polish Concise Dictionary
8,000 entries 408 pages 0-7818-0133-8 $9.95pb

Romanian-English/English-Romanian Practical Dictionary
40,000 entries 0-87052-986-2 $19.95pb

English-Russian Comprehensive Dictionary
50,000 entries 0-7818-0353-5 $60.00hc

Russian-English/English-Russian Concise Dictionary
10,000 entries 0-7818-0132-X $11.95pb

Slovak-English/English-Slovak Concise Dictionary
7,500 entries 0-87052-115-2 $11.95pb

Slovene-English/English-Slovene Modern Dictionry
36,000 entries 0-7818-0252-0 $24.95pb

Hippocrene Language Guides
CENTRAL & EASTERN
EUROPEAN LANGUAGES

Beginner's Bulgarian
0-7818-0300-4 $9.95pb

Beginner's Czech
0-7818-0231-8 $9.95pb

Czech Phrasebook
0-87052-967-6 $9.95pb

Beginner's Hungarian
0-7818-0209-1 $7.95pb

Hungarian Basic Course
0-87052-817-3 $14.95pb

Beginner's Polish
0-7818-0299-7 $9.95pb

Mastering Polish
0-7818-0015-3 $14.95pb
2 cassettes: 0-7818-0016-1 $12.95

Beginner's Romanian
0-7818-0208-3 $7.95pb

Romanian Conversation Guide
0-87052-803-3 $9.95pb

Romanian Grammar
0-87052-892-0 $6.95pb

Beginner's Russian
0-7818-0232-6 $9.95pb

Mastering Russian
0-7818-0270-9 $14.95pb
2 cassettes: 0-7818-0271-7 $12.95

(All prices subject to change.)

TO PURCHASE HIPPOCRENE BOOKS contact your local bookstore, or write to: HIPPOCRENE BOOKS, 171 Madison Avenue, New York, NY 10016. Please enclose check or money order, adding $5.00 shipping (UPS) for the first book and $.50 for each additional book.

Self-Taught Audio Language Courses

Hippocrene Books is pleased to recommend Audio-Forum self-taught language courses. They match up very closely with the languages offered in Hippocrene dictionaries and offer a flexible, economical and thorough program of language learning.

Audio-Forum audio-cassette/book courses, recorded by native speakers, offer the convenience of a private tutor, enabling the learner to progress at his or her own pace. They are also ideal for brushing up on language skills that may not have been used in years. In as little as 25 minutes a day — even while driving, exercising, or doing something else — it's possible to develop a spoken fluency.

Russian Self-Taught Language Courses

Modern Russian 1 (Beginning Course)
24 cassettes (28½ hr.), 480 page text and manual, $255. Order #HB101.

Modern Russian 2 (Intermediate Course)
24 cassettes (28½ hr.), 479 page text and manual, $255. Order #HB125.

Russian For Business (Beginning Course)
3 cassettes (3 hr.), 80 page phrasebook, $65. Order #HRU250.

All Audio-Forum courses are fully guaranteed and may be returned within 30 days for a full refund if you're not completely satisfied.

You may order directly from Audio-Forum by calling toll-free 1-800-243-1234.

For a complete course description and catalog of 264 courses in 91 languages, contact Audio-Forum, Dept. SE5, 96 Broad St., Guilford, CT 06437. Toll-free phone 1-800-243-1234. Fax 203-453-9774.